青春文庫

世界は「経済危機」をどう乗り越えたか

島崎 晋

青春出版社

はじめに　～世界の歴史は、経済危機克服の連続だった～

「生活には、金が要る」「金は、働いて稼ぐ」「国民が働くことで、国が成り立つ」

そんな当たり前のことが、２０２０年、全世界で停止した。

世界中に感染拡大した新型コロナウイルス感染症（ＣＯＶＩＤ-19）は、感染そのものが人命にかかわる脅威であるだけでなく、別の脅威を併せ持っていた。経済活動を鈍化させ、破綻させる脅威があったのだ。

経済が破綻すれば多くの人が生活に困窮し、国が滅びることさえある。

だが、世界の歴史は経済危機克服の歴史でもある。

もちろん、どうやって経済危機を乗り越えたのか、歴史書からはダイレクトな答えを見出せないことのほうが多い。

中国を例に取るならば、古代の史官という役人の仕事は、歴史書を記すことではなく、後世のために記録を残すことにあった。地上に起きた出来事と天文の異常を日々記録するだけで、論評を加えるとかは一切しない。膨大なデータをもとに判断を下すのは後世の人の役目と、しっかり役割分担ができていたからだ。

天文の異常から飢饉の到来を予知したならば、穀物の備蓄を命ずる。具体的にはこのように利用されたのだが、我々もこれを応用して経済危機を乗り越えるヒントを見つけられるかもしれない。

もちろん、夜空を見て予見しろというのではない。歴史書や歴史関連書籍から、過去にどのような経済危機があったのか、為政者がどのような対策を取ったのか、人びとの生活はどう変わったのか。それらを長いスパンで眺めることで、同時代の当事者でも気づかなかった何かが見えてくるかもしれないのだ。


「なぜ、危機を乗り越えられたのか」。1929年の「世界恐慌」を実体験した人びとにインタビューしたとして、みながみな同じ答えをするだろうか。政府のニューディール政策をあげる人もいれば、参戦に伴う軍需をあげる人もいるだろう。それよりも神の加護や家族の支えをあげる人のほうが多いかもしれない。

つまり、経済危機からの克服方法を知りたい人間にとって、当事者の声であっても、多数決の結果からその真因を突き止めることはできないのである。

では、どうしたらよいか。それは答えを他人に求めず、自分の頭で考えること。本書も考えるための土台と思ってもらって構わない。

読んでいて、この論旨はおかしいと感じたら、複数の類書にあたり、様々なデータを調べ、比較検討して、自分なりの答えを出す。それが正解とは限らないが、人間としての成長の証にはなる。

「人間は考える葦である」とは、17世紀フランスの物理学者パスカルの言葉だが、思考力という特権を与えられているのだから、使わないのは損。思考の停止は創造主に対する冒瀆でもある。

コロナ禍により自由な時間が増えたのだから、ここはひとつ、多少なりとも思考に時間を割いてみようではないか。本書はそのスタートとして役立つはずである。

2020年　9月

島崎晋

序章　世界の「経済危機」の歴史を見通す「目」

第1章　「世界の覇権国家」は、危機をどう乗り越えたか

イギリス

第2章　「強権政策」がもたらしたのは成長か、後退か

第3章 「奇跡の逆転劇」の裏に何があったか

朝鮮

第4章　「グレーな改革」のその後の軌跡とは

図版制作　ＡＤ・ＣＨＩＡＫＩ
本文デザイン・ＤＴＰ　リクリ・デザインワークス

序章

世界の「経済危機」の歴史を見通す「目」

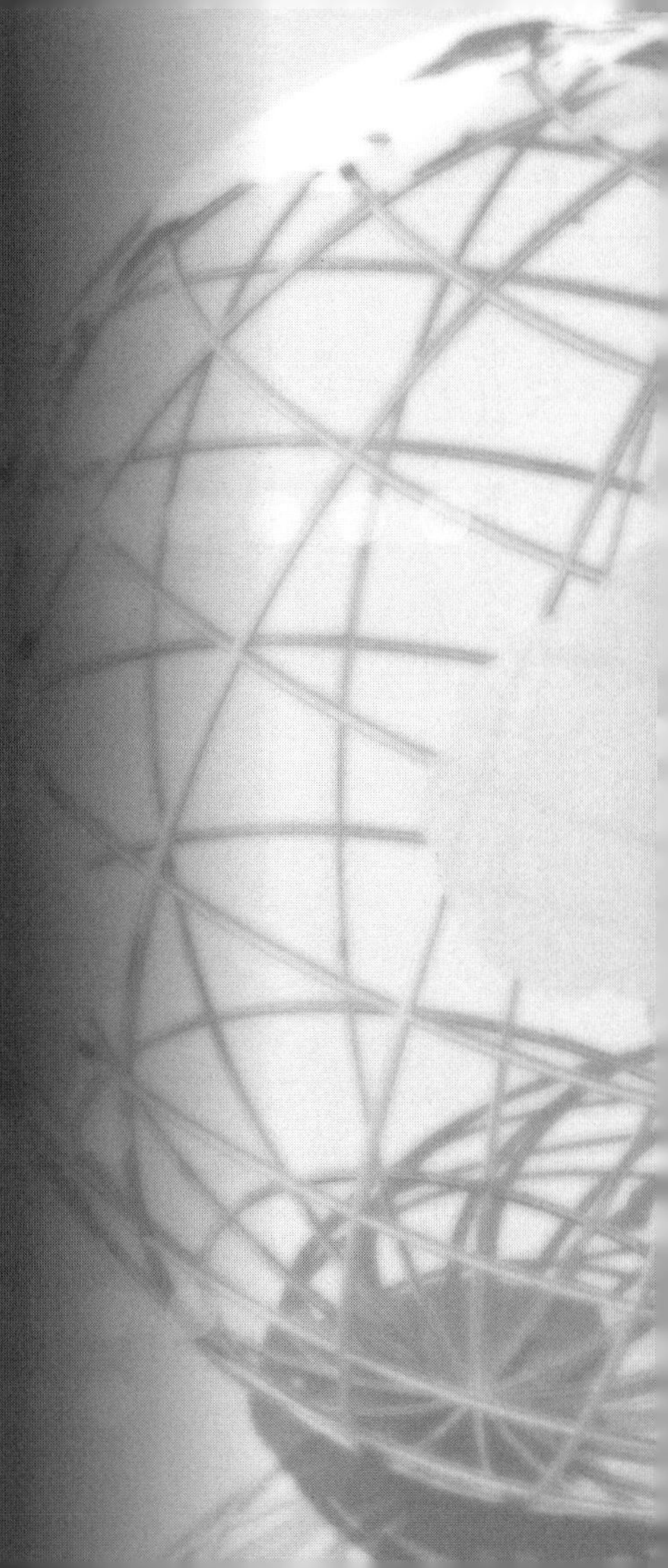

経済危機の引き金の要因「5つのキーワード」

人類は過去に何度も経済危機を経験してきた。

経済危機の要因は大きく5つに分けることができる。「天災」「戦争」「税制」「通貨」「金融」の5つで、現実には単独ではなく、複合的要因に拠ることが多い。

古代中国では「天災」を人間の行いに対する懲罰あるいは警告とする考え方が儒学者により理論化までされたが、同様の考え方は大なり小なり世界中に存在した。

両者の因果関係はともかく、冷害や干ばつ、長雨、洪水、火山の噴火、虫害など自然災害は飢饉につながり、近代以前の社会では経済危機に直結する深刻な問題だった。

「フランス革命」や「ロシア革命」がそうであったように、食糧不足はふだん従順な人びとをも行動に駆り立てる。農村では食糧の緊急援助や免税などの救済措置が取られなければ、借金をするしかなく、それさえもできなくなれば、これまた実力行使に出るほかない。どちらにしても、行政が対応を誤れば、政権や国家が転覆する事態になりかねなかった。

感染症の流行は少し展開が異なり、感染防止のために地域封鎖を行えば、経済活動が止まって財政的に行き詰まる。流行が終息しても、労働人口が減少していれば生産性の低下が避けられず、農村人口が激減した地域では貧富の差がさらに広がるところもあれば、逆に待遇が改善されるところもあった。農民一人あたりの税負担を増やしすぎれば反乱を誘発しかねず、国家としても領主としても匙加減の難しいところだった。

次に「戦争」は勝敗に関係なく経済危機を招きかねない。長期戦になれば戦費も膨らみ、厭戦気分も漂い始める。負ければもちろんだが、痛み分けで終わったとしても士気の低下は避けられず、次の戦いに尾を引くこととなる。

逆に勝利で終え、領土の拡大に成功していたとしても、昨日までの敵が統治に当たるのだから、相当な敵意と反発を覚悟しておかねばならず、やたら暴力に頼るようでは敵愾心《てきがいしん》をあおるばかりで、統治に何のメリットもない。新たな占領地ほどデリケートな場所はなく、征服者が寛容と忍耐をもって接しなければ、戦闘での勝利は水の泡となり、経済破綻を免れないだろう。

「税制」「通貨」「金融」は相互に関係する。

税制は国家経済を支える柱で、国家の規模が大きくなればなるほど、中央集権を進めれば進めるほど支出が増えるために、単純な直接税だけでは足りなくなる。急な出費であれば臨時税で解決できるが、恒久的な増税を固定化させるのであれば、間接税を設けるのが無難だった。

それでも、度を越した増税は〝やぶへび〟で、負担に耐えかねた農民たちが蜂起すれば税収そのものが吹っ飛ぶため、かえって財政の負担を増やしてしまう。悪政を布いているとなれば、国家の権威にも傷がつくから、納税者に負担可能なのはどのあたりまでか、人の上に立つ者はそのことを常に把握しておく必要があった。

税制改定のときとは限らないが、徴税官の不正に絶えず目を光らせておくことも必要だった。法外な上乗せをする者が多かったからで、反乱が起きて初めて知るのでは遅すぎる。国庫の負担を軽減させる意味からも、反乱を誘発させかねない不正は事前に防止するのが一番だった。いざ軍を動かせば反乱の平定は容易でも、戦闘で田畑が荒らされれば、翌年の収穫に影響する。できれば軍を動かすことなく、解決させるのが一番だった。

どうしても増税が必要となっても、直接税の増額や数年先まで前払いさせるやり方は愚策中の愚策である。限度のない吊り上げ姿勢を見せれば、納税者の側も腹をくくり、死を覚悟の抵抗、つまり反乱に踏み切る恐れが出てくる。ひとたび反乱が起きれば、仮に迅速な対応で鎮圧できたとしても、違法な徴税をやめさせないことには問題の解決とはならず、反乱の再発は必至となろう。

納税は物納に始まり、やがてそれに代わるものとして通貨が生まれた。しかし、偽造を防止するには摩耗したものを定期的に回収して、鋳直《いなお》さなければならず、それには充分な原料が必要とされた。

銅貨の不足を補うには金や銀の流通量を増やす必要があるが、こちらは銅貨以上に偽物が多く出回る可能性がある。信用を維持するにはいつでも兌換《だかん》可能な体制を作っておかねばならず、それを怠れば、通貨の価値が下落して、経済危機を招く恐れが生じる。

紙幣もこれと同じで、乱発が過ぎれば紙幣価値が低落して、下手をすれば紙屑同然になりかねないので、経済政策には必ずお金に明るい人を登用しなければならない。金銭欲が強いだけの者は百害あって一利無し、経済官僚にしてはいけない。

近代以降の経済では、扱う金融商品が多様化、複雑化して、素人には理解不能な域に達している。

わからないものには手を出さなければよいのだが、定期預金の利子が雀の涙ほどの昨今、老後の資産運用も自己責任と政府が言う以上、危険を承知の上でハイリスク・ハイリターンの金融商品に手を出すしかなく、それが吉と出る確率は絶望的なほどに低い。

不正引き出しの被害を免れるには金融機関には預けず、自分で隠し持っているのが一番というので、タンス預金をする人が増えているようだが、これも従来の空き巣や強盗に狙われればひとたまりもなく、命が奪われないだけよしとしなければならない。

日本は20世紀の終わりにバブルの崩壊を経験した。大手金融機関が倒れただけであの騒ぎだったのだから、複数の大手企業の株式がただの紙屑と化した場合のことも、少しは考えておいたほうがよいだろう。

日本の国債にしてもそうで、自称専門家たちの言葉には開きがありすぎる。我々には、誰が本物のアナリストか、見極める鑑識眼も求められている。

世界を経済危機に陥れた「四大危機」

人類が経験してきた地球規模の経済危機は、少なくとも4つある。「17世紀の全般的危機」「1873年恐慌」「世界恐慌」「リーマン・ショック」がそれで、「17世紀の全般的危機」は洋の東西で多発した自然災害や戦争、革命などの総称である。

「17世紀の全般的危機」が顕著だったのは中国、ドイツ、フランス、イギリスの各地で、中国では自然災害が相次ぎ、反乱も頻発するなか、明王朝が反乱軍により滅ぼされ、北方の満州族が多民族を束ねる大帝国を築きあげた。

ドイツでは「三十年戦争」という長きにわたる戦火で人口が約3分の1に減少。寒い世紀だったため作物のできも悪く、これに感染症の流行が重なったことから、絶望的な状況下で集団ヒステリーが生じ、「魔女狩り」や「ユダヤ人狩り」が荒れ狂うこととなった。

フランスでも宗教戦争の余韻が残るなか、貴族らによる「フロンドの乱」が起こり、「太陽王」と称されたルイ14世は国庫を一切気に掛けることなく周辺諸国にしきりと戦争をしかけ、1685年にはプロテスタントの弾圧に乗り出す。それが天を怒らせたわけではなかろうが、1693年とその翌年、フランスは空前の大飢饉と大量死に見舞われた。

1873年のウィーンに始まる大不況は西ヨーロッパ全体に波及し、自由貿易への流れを一時的に止めてしまった。

不況から国民の目をそらすためか、列強各国は植民地獲得競争を再開させ、フランスは東南アジアと北アフリカの植民地化を露骨に進める。アフリカの争奪戦が激しくなると予想されたので、ドイツの宰相ビスマルクはベルリンで会議を主催し、戦火がヨーロッパに及ばぬよう、話し合いにより、あらかじめ各国の勢力範囲を決めてしまった。

1929年のアメリカ・ニューヨークの株価大暴落に始まる「世界恐慌」は第二次世界大戦の序曲となった。世界経済の破綻が極右の台頭を招き、失業と貧困に喘ぐ群衆が極右を支持。経済危機が狂気を招いた典型例である。

2008年に生じた「リーマン・ショック」はアメリカの低所得者向け住宅ローンの不良債権化に端を発し、世界経済を一気に減速させた。新興国BRICsも中国を除けば減速を免れず、社会主義国である中国が世界経済を支える不思議な現象がしばらく続いたが、その中国も不動産バブルが弾けた途端、低成長に陥り、世界経済は強力な牽引役不在の状況と化した。

新型コロナの流行と相まって、どの国が大きく抜け出すことになるか。アメリカか中国か、それとも伏兵がいるのか。結果がわかるまで10年、20年、あるいはそれ以上かかるであろうが、我々は歴史的に大きな転機に立ち会っているのかもしれない。

経済危機を乗り越える「4つの視点」

危機に対して、打つ手はないのか。

相手が経済なら「流通」「労働人口・生産性」「人材」「産業」が、乗り越える視点になる。

当たり前かもしれないが、経済危機を救うには「流通」を止めてはならない。物を大切にすることも大事だが、消費をしないことには税収は増えず、経済もまわらなくなるので、自給自足に憧れる人も、消費を控えるのは生活の一部に留め、浮いたお金は貯金するのではなく、何かに使ったほうがよい。お金が上手くまわれば、経済全体が活性化する。使い道がなければ、国際的な慈善団体などに寄付すればよかろう。

経済成長著しい国に共通するのは、中国やインドを見ればわかるように「労働人口」が多いこと。若年労働者の多いピラミッド型の年代構成が理想だが、人工的にそのような社会を築くには時間がかかるので、中高年層の厚い社会では「生産性」を高める工夫をしなければならない。

生産性の向上は「人材」を適材適所に配置するだけでも計ることができる。そのためには、年功序列の撤廃と労働時間・労働形態の柔軟化も必要で、会社全体、さらには日本社会全体の意識改革も求められる。必要な人材が内部におらず、育てることもできないのであれば、外部から招けばよく、そのために人員整理が必要となれば、私情を廃して不要な人間を切ればよいだけのこと。会社が営利団体ということを忘れてはならない。

ヘゲモニー国家となった国は必ず柱となる産業を有していた。ヘゲモニー国家とは、単なる覇権国家とは異なり、国際的な経済活動で主導権を握る国を指す。

例えば、オランダは海運、イギリスは多角貿易で栄え、アメリカはＩＴや宇宙産業で立ち直った。主力産業があれば、それに従事する者もおのずと増え、経済もまわる。利益を増やしながら雇用機会も増やせるのは理想的な展開である。

世界が経験してきた「四大危機」のなかで、現在のコロナ禍にもっとも近いのは、1873年発の大不況だろうか。「17世紀の全般的危機」とは質も量も異なり、経済的な損失は「リーマン・ショック」を超えるが、「世界恐慌」のときほどではないと考える。広範囲の経済を数年から十数年の範囲で減速させたという点で、現在のコロナ禍と共通するのではないか。

経済危機の乗り越え方に絶対の正解はないが、危機の時代であればこそ、我々は大きな儲け話や政治的な扇動に乗せられることなく、自分の頭で冷静に考える習慣を根付かせなければならない。

第1章

「世界の覇権国家」は、危機をどう乗り越えたか

～アメリカ・イギリス～

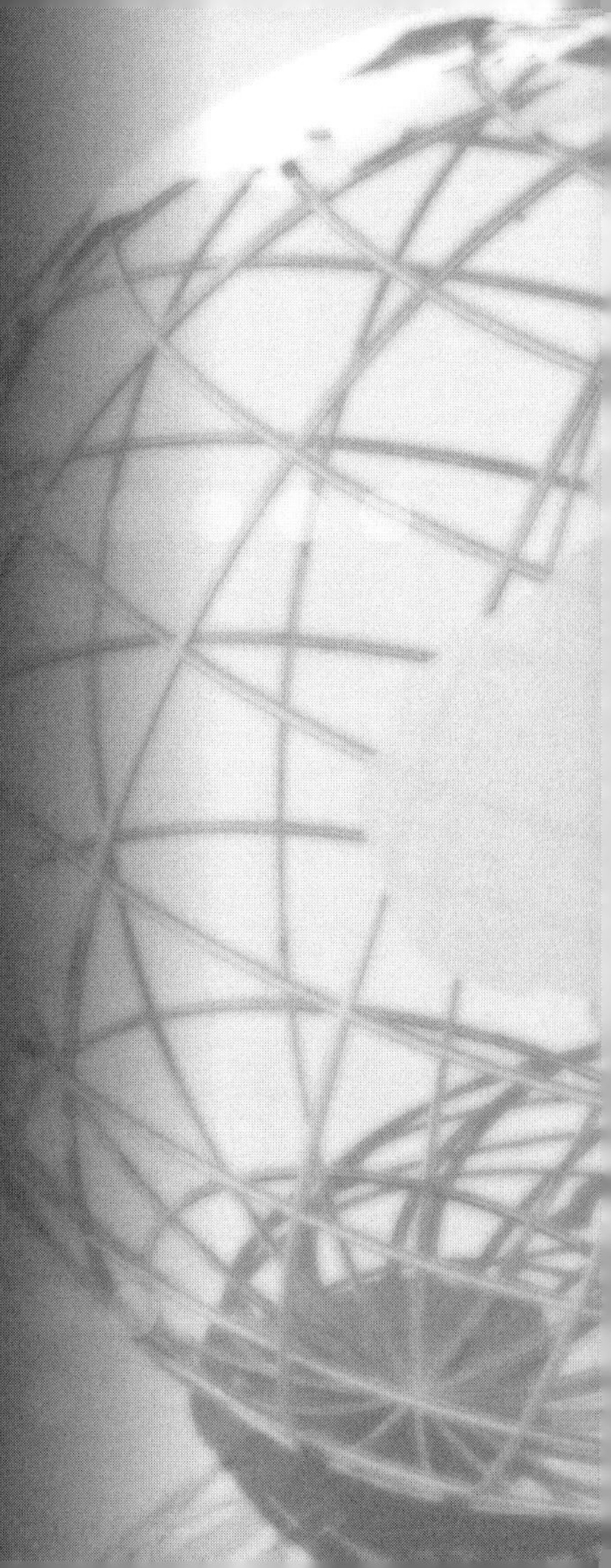

大英帝国の礎を作った女王は、世紀最悪の凶作を乗り越えていた？

◇痩せた土地の生産性を高めた者たちとは

　イギリスの首都ロンドンの緯度は北海道の札幌よりもはるかに高く、サハリンの北部と同じくらい。ここからもわかるように、イギリスの気温は年間を通してかなり低い。なおかつ、土地が痩せていたため、牧畜や製造業にも力を注ぐ必要があった。具体的には羊毛の採取と輸出で、16世紀初頭の最大の貿易相手はネーデルランドのアントウェルペン（現ベルギー）だった。

　イギリスはバラ戦争という内戦を経て、1485年よりテューダー朝の時代となる。宗教改革が起きたのは二代目のヘンリー8世（在位1509～47年）のときで、そこで強行された修道院の解散がイギリスの社会と経済を揺るがすこととなった。

修道院の所領を没収・国有化したのち、改めて売却する。この作業が繰り返された結果、旧修道院領の大半は「ジェントリ」（爵位を持たない大地主）の手中に帰した。

封建的な地代収入に固執していた国王や教会とは異なり、ジェントリたちは手に入れた所領を「牧草地への転換」「鉱物資源の開発」「農業を続けるにしても換金作物への転換」など、高い生産性と、より大きな利潤を見込める経営方法を導入した。安い地代で長期契約を結んでいた修道院とは正反対に、高い地代の短期契約しか認めなかったのである。

これと並行して、ジェントリたちは共有地や開放耕地などを石垣その他の標識で囲み、私有地であることを明示する「囲い込み」を行なったことから、小作人や季節労働者だけでなく、小規模な自作農にも致命的な打撃を与え、全国各地に貧民や浮浪者が大量発生する事態となった。

時期を同じくして、人口の増加とそれに応じた農産物価格の上昇が起きる。さらに追い打ちを掛けたのが、貿易の不振だった。アントウェルペンとの貿易が停止されれば、毛織物産業そのものが成り立たず、困窮者の受け皿になるどころか、ここからも大量の失業者を生み出すこととなった。

◇失業者に対する厳しい眼差し

貧しい人びとはそれまでも存在したが、カトリックの教えのもとでは、深刻な問題は生じなかった。貧しい人びとの救済が、キリスト教の根幹である「隣人愛」の実践に最適と位置付けられていたからだ。

ところが、エドワード6世（在位1547～53年）のもとでプロテスタント化が進む。

プロテスタントの教えでは、「貧しさは怠惰の結果」であり、神の救済から見放されていることの証拠とされた。貧しい人びとに対する眼差しが劇的に変化したのである。救済活動の中心を担っていた修道院の解散がそれに追い打ちを掛けた。

その次のメアリ1世（在位1553～58年）のもとではカトリックへの回帰とプロテスタントに対する粛清という大波を経る。在位期間は短かったが、教義の変更が入り組んだことから、信仰上の分断を生んでしまい、社会不安を招くこととなった。

そこで、エリザベス1世（在位1558～1603年）の治世となる。貧民・浮浪者の大量発生とロンドンを初めとする都市部への流入、それに伴う社会不安には、信仰とは別の対処法を模索するしかなかった。

1563年に制定された「救貧法」はその名のごとく、貧しい人びとの救済を意図したものだが、現実として国家予算には余裕がなかった。そこで目を付けたのが聖職者で、必要な資金の拠出を彼らに呼びかけ、拠出能力がありながら応じない者は処罰するとしたのである。しかし、大した効果はあがらなかった。

1590年代に入り、事態がさらに深刻化する。ロンドンとその周辺では、1592年12月から感染症の流行が始まり、それから丸一年間に1万1000人が死亡した。1594年からは5年続きで天候不順に起因する世紀最悪の凶作に見舞われ、穀物価格は高騰。

貧困と、信仰の問題を抱え、さらに、天災に見舞われ、経済危機に直面する。不安が最高潮に達した民衆が何をするか。全国各地で暴動や一揆が頻発する事態となったのだった。

◇働かない者に対する罰則

新たな救貧法の制定が待ったなしとなる。1597年から議会の審議にかけられ、翌年の法制化とその後の改正を経て、新たな救貧体制が確立されたのは1601年のことだった。

新たな救貧法の特徴としては、イギリス独自のプロテスタントである国教会の教区に救貧の責任を負わせるかたわら、働かない者への刑罰適用を規定したことがあげられる。

具体的には、各教区に貧民監督官を置き、彼らに「救貧税」を強制徴収させる。それを救貧活動の財源のひとつとした。働くことのできない障碍者や病人、高齢者に対しては、救貧院への収容という保護を与えるが、労働が可能であるにもかかわらず就業しない者に対しては厳しかった。

どんな罰則を与えたかというと、犯罪者とみなしたのだ。他の教区出身で失業中の者は、鞭打ちをしたのちに本来の教区に追い返すという、かなり荒々しい内容だった。

けれども、本来の教区に戻ったところで失業状態は変わらない。そのため、故郷すらも追われた人びとは行くあてもない。繁栄の噂にひかれてロンドンに殺到したため、問題の根本的な解決とはならなかった。

雇用の回復と物価の上昇を抑える必要がある――。そこで、エリザベス１世は、解決策のひとつとして海外への市場開拓を図った。国民的産業である「毛織物業の新たな市場開拓」と、アントウェルペンの崩壊（１５８５年）により途絶えた「東方産物の輸入再開」が急がれたからだった。

ロンドン商人のような野心的な貿易業者に「東インド会社」設立の特許を与えたのもその一環である。東インド会社は、「香辛料」「陶磁器」「茶」「綿織物」「絹織物」などのアジアの特産品をヨーロッパに運び、また、中継貿易で利益を上げるようになる。

新航路の開拓や植民地の建設、それ自体が目的と化したのはかなり後のこと。「大航海時代」というとロマンの香りも漂うが、実際のところ、社会問題を背景に余儀なくされた解決策のひとつにすぎなかった。

シェイクスピアの活躍など、華やかなイメージが強いエリザベス1世の治世。だが、子細に見れば、ヘンリー8世が始めた宗教改革とそれに関連するすべてのツケを負わされ、考え付く限りあらゆる手を尽くしていたのが現実だった。

エリザベス1世は、独身をつらぬき「私は、イギリスと結婚した」というように、その生涯を国に捧げた。この基盤は、後の時代に繁栄の礎となる。

「17世紀の全般的危機」を救った、たったひとつの〝法〟とは

◇「17世紀の全般的危機」に相次ぐ戦争

17世紀のヨーロッパ各国は等しく厳しい試練を経験した。間断なく続く未曽有の異常気象と局地的な暴動、大規模な反乱・戦争。経済への打撃は大きく、全ヨーロッパが見舞われたこの状況は「17世紀の全般的危機」と呼ばれる。

わずか半世紀のうちに「ピューリタン革命」と「名誉革命」を経験したイギリスも例外ではなく、上も下も青息吐息だったが、その状態に劇的変化をもたらすきっかけとなったのは、1651年11月に制定された「航海法」だった。

この航海法は、イギリス本国とイギリス領植民地との貿易だけでなく、イギリスと他のヨーロッパ諸国との貿易からも外国商人と外国船を排除し、イギリスの通商

を自前の商船と港に独占させる、いわば「保護貿易」の極致といえる代物だった。

これに怒りをあらわにしたのが、時の覇権国家オランダだった。ヨーロッパの物流センターと化していたオランダの介在を排除したことで、両国の関係は悪化。戦争を誘発させるに十分な内容だった。

果たしてイギリスは1652〜54年、1665〜67年、1672〜74年の3度にわたる対オランダ戦争を経験。莫大な戦費負担を余儀なくされる。

しかし、イギリスは経済危機に陥ることもなく、むしろ、経済成長を見せる。

◇なぜ、経済成長できたか

実のところ航海法の効果は、以上の3度の戦費負担が痛くもかゆくもないほど大きく、イギリスの貿易額とそれに伴う利益は爆発的な勢いで増大する。

貿易統計が未整備だったため、あくまで概算になるが、17世紀半ばから1770年代までの100年余りで、イギリスの輸入は400パーセント、イギリス産商品の輸出と輸入品の再輸出をあわせた総輸出は600パーセントの伸びを記録した。

再輸出とは、イギリス本国が植民地から輸入した品物を他のヨーロッパの港に輸出することをいい、事実上の中継貿易に他ならない。貿易全体のなかでも、この再輸出の成長が著しく、なかでも北米大陸南部産のタバコと西インド諸島産の砂糖の取扱量が抜きん出ていた。

これら大西洋貿易の数値を別にしても、イギリスの貿易量は17世紀の後半に倍増以上の伸びを示している。航海法がもたらした効果は誰の目にも疑いようがなく、一連の貿易の伸長や商業の拡大は「商業革命」と総称される。

航海法の施行以前、イギリスの貿易はヨーロッパ市場に毛織物を輸出することで成り立っていたが、航海法の施行後は植民地の物産を他のヨーロッパ諸国へ、すなわち再輸出を前提とする輸入主導型の貿易構造への転換が進む。救貧対策の一環として始めた海外進出が思わぬ展開をもたらしたのだった。

ヨーロッパの金融の最大の中心はいまだアムステルダムだったが、気が付けばロンドンの追い上げが激しく、僅差の2番手に肉薄していた。

1693年には国債制度が導入され、翌年には国債の引き受けを主な業務とするイングランド銀行が設立されるなど、さらなる飛躍の基盤も整えられつつあった。

なぜ、「南海泡沫事件」の事後処理で覇権国家になれたか

◇貿易を制す者は、経済を制す

奴隷貿易の利権を目的に設立された南海会社。その株価が不自然に高騰し、空前の株ブームが生じる。バブルが弾け、経済危機に瀕する、そう思われたが、むしろ価値、信用が上がった「あるもの」があった。投資家はこぞってそれに投資し、アムステルダムからも大量に資金が流れ込む結果に。そして、ついにイギリスがヘゲモニー国家の座に躍り出る。一体、何がきっかけだったのか――。

17世紀から18世紀、植民地の存在は「製品の供給市場」として、また「食糧・原料の供給地」として、イギリスの経済発展に計り知れない恩恵をもたらした。植民地を介しての貿易のなかでも最大の利潤を生み出したのは、大西洋を挟んでの三角

貿易だった。

「大西洋三角貿易」のオーソドックスなパターンは、西アフリカで仕入れた黒人奴隷をカリブ海の西インド諸島に、西インド諸島で仕入れた砂糖やタバコをイギリス本国のリバプールへ輸出するというもので、奴隷貿易はハイリスク・ハイリターンながら、垂涎の的だった。

とはいえ、西インド諸島にはイギリスよりスペインの植民地のほうが多く、より多くの利益を上げるには、特許か独占権を得る必要があった。

1701年に始まる国際戦争「スペイン継承戦争」への参戦は絶好の機会だった。1713年4月に締結された「ユトレヒト条約」によって戦争は終結するが、この条約によってイギリスは最大の受益国となった。大きなものは次の2つである。

ひとつは、地中海の西出口にあたり、戦略上重要な位置にあるジブラルタルの割譲。もうひとつは「アシエント」と称される、スペイン領アメリカ植民地へのアフリカ人奴隷の独占的供給権を30年の期限付きながら獲得したことである。

独占権については戦争中から取り沙汰されており、1711年にはそれを当て込んだ金融機関「南海会社」が設立されていた。スペイン領アメリカとの貿易を表看板としながら、実際は国債の引き受けを目的とする会社で、政府が貿易独占権を付与する代わりに、900万ポンドにのぼる国債を自社株に転換させる形で引き受ける約束が交わされていた。

ところが、いざスペイン継承戦争が終わってみれば、政府は輸入奴隷に課税した上に、南海会社の奴隷船は年に一隻だけという厳しい条件を付けてきた。

それでも1717年の第一回貿易船は一応の利益をあげたので、翌年には100パーセントの配当支払いを発表する。たちまち南海会社の評判は上がり、同社の株式を購入する者が増え始めた。

◇南海会社の膨れ上がった株価の行く先

1720年4月、これに味を占めた南海会社が追加で3000万ポンドに及ぶ国債の引き受けを申し入れる。イングランド銀行が反対したにもかかわらず、なぜか議会の承認が得られた。

折から世は空前の株式ブーム。政府からお墨付きを得た会社の株となれば人気を

◆大西洋三角貿易

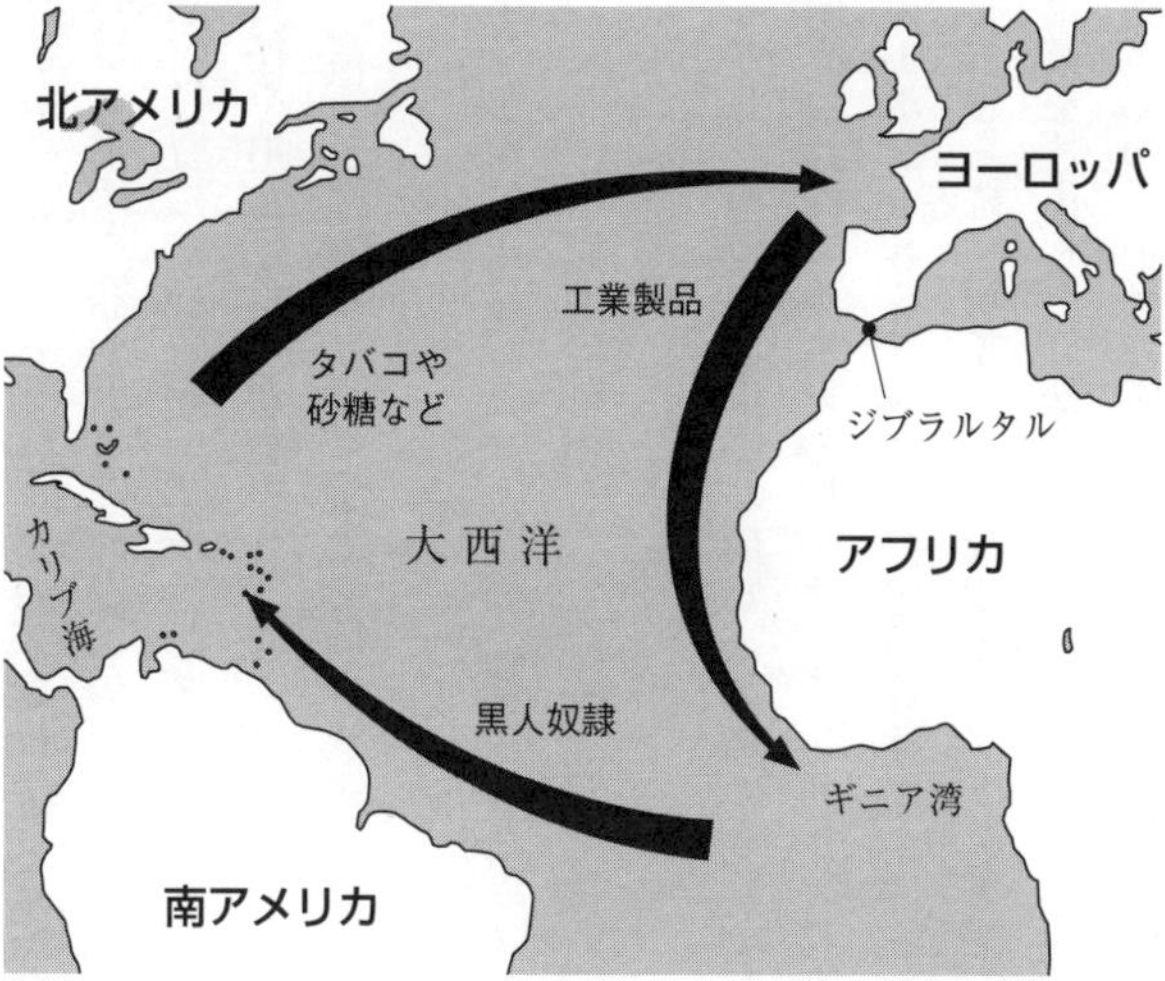

集めないはずはなく、同年1月には128・5ポンドだった南海会社の株価はあれよという間に跳ね上がり、ピークとなった6月下旬には1000ポンドを超えていた。

南海会社としても、ここまでの値上がりは想定外で、かつ危険でもあった。

そして、同年夏には恐れていたことが起きる。同社に株価相応の価値がないと知れわたるや、株価の急落が始まったのである。8月に700ポンド台に下がった株価は、9月末には190ポンドにまで暴落した。

バブル崩壊の語源ともなったこの出来事を「南海泡沫《ほうまつ》事件」という。破産者が続出し、投資に絡む政界のスキャンダルにまで発展した。

責任を追及する声が高まり、ときの政権の瓦解を受け、事態の収拾を託されたのは、南海会社の設立時に議会で反対演説をしたロバート・ウォルポールだった。

1721年4月に第一大蔵卿に就任したウォルポールは、それから21年もの長きにわたり、事実上の首相として政権運営を行い、責任内閣制を確立させた政治家として高く評価されている。

しかし、南海泡沫事件の後始末は褒められたものではなかった。

南海会社株の後始末としては、イングランド銀行と東インド会社に、南海会社の株を1ポンド8シリング（公定換算は1ポンド＝20シリング）で引き取らせることにし、さらに、東インド会社やイングランド銀行などを例外として、株式会社形態の企業を禁止した「株式会社禁止法」通称「泡沫禁止法」を制定。これにより、イギリスでの大企業の成立を遅れさせ、長期的にはマイナス効果をもたらした。

また、大口顧客であるジェントリには「土地税の引き下げ」、貿易業者には「関税制度の簡略化」など、異なる形式での損失補填が行われた。それに対し、多くの一般投資家は救済対象から除外され、破産の憂き目を見た。

富裕層にしか選挙権のない時代ゆえの露骨な差別対応だが、それにより一応の解決を見たことで、議会と国債への信用は回復する。

以来、資金的に余裕のある人びとのあいだでは安全性の高い国債を買い付け、有利に利子を稼ぐ風潮が広がり、イギリスの国債は世界でもっとも安全で見返りも大きい金融商品と目された。昨日の敵であったアムステルダムからも大量の資金が流れ始めた。

これと官僚体制の整備に伴う効率的な徴税システムの導入とあわせ、イギリスは「財政革命」を経験したのだった。

かくしてイングランド銀行を中心とする一画、ロンドン発祥の地で「シティ」と呼ばれる地域は本格的な取引市場と化し、1730年代にはオランダと入れ替わり、イギリスがヘゲモニー国家の座に納まった。

革命、戦争、飢饉……、危機を乗り越えた先につかんだ「栄光の時代」

◇貿易大国イギリスに布いた「大陸封鎖令」

１７８９年に勃発した「フランス革命」の波及を防ぐべく、１７９３年に「対仏大同盟」が結成され、ナポレオン１世との戦いが続いていくと、イギリス経済も暗雲に覆われていく。戦費の負担だけでも重いというのに、１７９５年以降は凶作の年が多く、食糧不足が深刻化したからだった。

穀物価格はもちろん、パン価格も高騰を続け、ロンドンでは世紀の変わり目のパン価格が１７９２年の2倍以上に及ぶ。

イギリス政府の負債も上昇に転じ、開戦から4年後の１７９７年には、負債がおよそ10倍に達した。イングランド銀行もみずから発行した銀行券（ポンド紙幣）の金への兌換を停止せざるをえない金融危機まで広まる状況下、政府には激しいインフレの対処が求められた。

だが、何をするにしても先立つものが必要である。大衆への課税が限界にきているのは明らかだったので、財源はそれ以外のところに求めねばならなかった。

それ以外とは、貴族やジェントリからなる富裕層で、彼ら余裕のある者たちからの徴税強化が進められたが、それだけではとても足らず、1799年には1ポンド当たり2シリングの所得税を徴収することを決めた。

民間経済を破滅させかねないこの措置を受け、国内では戦争終結を望む世論が高まるが、1802年に結ばれたフランスとイギリスとの講和条約「アミアン和約」も次の年には破綻する。フランス皇帝ナポレオンは何が何でもイギリスをねじ伏せようと、1806年、イギリスとの貿易を禁止する「大陸封鎖令」を発する。

貿易立国ゆえに商船の往来を断たれれば音を上げるに違いない。ナポレオンはいいところを突きながら、逆効果となるマイナス部分を考慮していなかった。

ロシアをはじめ、ヨーロッパ諸国の大半がイギリスとの貿易なしには経済がまわらなくなっていたため、ナポレオンの勢いに陰りが見えれば、ほとんどの国が離脱するのは目に見えていた。現にロシアはイギリスに穀物を輸出し、工業製品を輸入しており、それが1812年のナポレオンの大遠征「モスクワ遠征」の引き金になった。遠征は失敗に終わり、ナポレオンは急速に力を落とすのだった。

◇飛躍のきっかけは「産業革命」だった

ヨーロッパ諸国にとってイギリスが不可欠の貿易相手であった理由は、18世紀後半に始まるイギリスの「産業革命」が、19世紀初頭までにおおかた成し遂げられ、イギリスが「世界の工業」への道に歩みつつあったことに起因する。

イギリスの産業革命は自発的なものではなく「貿易赤字」とそれに伴う「銀の流出防止」を主目的として開始された。

貿易赤字の原因は、需要が増え続けるインド産の「更紗《さらさ》」や中国産の「茶」「陶磁器」などにあった。しかし、イギリス最大の輸出品であった「毛織物」は気候風土の違いから、アジアでは売り物とならず、他にこれと言った輸出品を持たないイギリスは貿易赤字を重ね、対価を銀で支払うしかなかった。

銀の備蓄が底をつく前に、アジアで売れる輸出品を作り出さねばならない。そこで、インド産の更紗が手作りであるため、品質に大きなばらつきがある点が着目された。

最高品質に及ばないまでも、品質が均等で安価な商品を作り出せば商機が生まれる。機械による大量生産ならば可能となるので、動力と機織り機の発明を口火として産業革命が開始されたのだった。

これまで人の手でしてきたことを機械に委ねると、何が生まれるか。

一時的に大量の失業者が生まれる。恨みを機械に向ける感情も高まり、景気がどん底を記録した１８１２年には工業地帯で機械の打ちこわし事件が頻発したが、大きな流れを変えるには至らず、19世紀初頭のイギリスは、「世界の工場」へすでに歩み始めていた。

産業革命の恩恵が大衆に行き渡るのはまだ先で、「飢餓の40年代」と称される１８４０年代を過ぎて、ようやく上昇に転じる。

その間、何をしたか――。かつてイギリス大躍進のきっかけになった、２００年続いたある法を廃止したのだった。

1846年に、穀物の輸入を制限していた穀物法を廃止し、1651年に制定した「航海法」を1849年に廃止。保護貿易から自由貿易への転換が、功を奏し、危機を乗り越える原動力となった。

19世紀半ばまでにイギリスは全世界の衣料品の半分、工業製品の4割を生産する「世界の工場」と化しており、1851年にロンドンで開催された第一回万国博覧会は、イギリスが「世界の工場」であることに加え、イギリスが過去に例のない「繁栄の時代」を謳歌していることを内外に誇示するイベントとなった。

イギリスが他国を凌駕していたのは生産部門だけでなく、通信・運輸・金融においても世界の中心であることは疑いなく、イギリスが主導する自由貿易も国際貿易のスタンダードと化していくのだった。

しかし、イギリスはここから急転直下の運命をたどる。

財政破綻の危機にひねり出した妙案「時代遅れの特権」の撤廃

◇イギリス栄光の時代に終止符が打たれた日

産業革命は遅かれ早かれ、どの国でも起きる。イギリスの次にそれを経験したのはアメリカとドイツだった。

消費者は値段が同程度なら品質のよいほうを、品質が同等なら値段の安いほうを選ぶのが常である。工業製品の国際競争が激しさを増すなか、1860年代のイギリスはアメリカ・ドイツと並ぶ三大工業国のひとつに転落していた。

悪いことは重なるもので、1869年のアメリカ最初の大陸横断鉄道とスエズ運河の開通をきっかけに、苦境へと追いやられる。物流に要する時間が大幅に短縮され、便利にもなったことで、イギリスにも海外から安価な農畜産物が大量流入するようになったからである。

イギリスでは穀物法の撤廃後も、高度集約農業（資本と労働を大量投下した農業）だけは生き延びていたが、その命運も次第に尽きていった。売れない作物を栽培し続けても意味がないため、大半の大地主は農地を牧草地に転換するか、飼料・高級畜産物の生産、都市市場向け園芸に転換することを余儀なくされた。

貿易、産業のどちらも、かつての栄光の成長路線から下降線へと悪い予想がよぎり始める。

さらなる不幸は、１８７３年のウィーンに始まる大不況にあった。ここにイギリスの繁栄の時代は終わり、慢性的な不況に陥る。

１８９６年にはようやく抜け出すことに成功するが、その時点のイギリスは工業生産においてアメリカとドイツの後塵を拝していた。それでいてもなおヘゲモニー国家でいられたのは、「世界の工場」から「世界の銀行」「世界の手形交換所」へと経済活動の軸足を移し、国際的な資本主義システムの中核を担っていたからだった。

具体的に言えば、モノを売ることで得られる利益ではなく、「海運料収入」「貿易商社手数料」「保険料」「利子・配当収入」などからなる貿易外収入がメインということで、大不況前までは海運料収入が稼ぎ頭だったが、1870年代後半には利子・配当収入が取って代わった。

地域別に見るなら、対欧米の国際収支は赤字続きだったが、どれだけ巨額に及んでも極東、インド、オスマン帝国、オーストラリア相手の貿易は黒字続きだったので問題なし。なかでもインドの存在は抜きん出ており、無尽蔵の財布のごとく扱われていた。

1896年の大不況からの脱出は、国際収支の黒字や土地制度を初めとする国内諸改革の賜物だったが、ようやく表われたこの明かりも、1899年に始まる「南アフリカ戦争」によってかき消されることになる。

1902年には講和に持ち込むが、この戦争に要した出費は2億3000万ポンドにも達し、イギリスの国家財政は破綻の危機に追い込まれる。

国家の危機は国民の危機。財政再建のいち早い対処というと、国民に少しずつ負担してもらうことにあるが、国民も疲弊している。いかにすべきか――。

◇反発を招いた「時代遅れの特権」の撤廃

単純な増税では国民の反発を招くのは必至。歴代の大蔵大臣が必死に頭を悩ませながら案を出せずにいたなか、1909年4月、ときの蔵相ロイド・ジョージが画期的な予算案を提出した。通称「人民予算」と称されるそれは、以下、3つの課税提案からなっていた。

1、所得税の改正（税率の引き上げと超過税の導入）
2、相続税の改正（税率倍増と累進性の強化）
3、土地課税新設

このうち「所得税の改正」は年間所得が5000ポンドを超える富裕層と中流階級の上層、ジェントルマンと総称される層全体を標的にしたものだが、「相続税の改正」と「土地課税新設」は明らかに、それまで様々な特権を有していた世襲貴族に標的を特化していた。

本来は戦時の無償奉仕を交換条件として、免税を初めとする様々な特権を与えられていた世襲貴族だが、近代戦に騎士の出番がない以上、議会で特権の廃止が議論されるのは時代の流れでもあった。

世襲貴族が大半を占める上院（貴族院）が激しく抵抗したため、揉めに揉めたが、結局この法案と上院の拒否権を制限する議会法が可決された。これを境に世襲貴族の没落が相次ぐようになるが、国家財政の破綻は免れ、政府はようやく人心地つくことができた。

世界恐慌の荒波に飲まれた、かつての経済大国の黄昏

◇第一次世界大戦の経済損失も癒えぬまま……

満身創痍のイギリスは2度の世界大戦を経て、ヘゲモニー国家の座から完全に転落する。繊維や機械、石炭などの伝統的な輸出産業は国際競争力を失い、ポンドの価値も下がるばかり。経済は低迷に次ぐ低迷。「ヨーロッパの瀕死の病人」と揶揄された1970年頃のイギリスに「繁栄の時代」の面影はなく、再生を図るには肥大になりすぎた政府の役割をごっそり削ぎ落とす必要があったが——。

1914年から18年の第一次世界大戦で経済的に得をした国は、ヨーロッパにはひとつもない。世界史上初めての「総力戦」は、国家経済はもちろん国民経済をも疲弊させ、戦勝国であるイギリスも例外とはならなかった。

戦時経済から通常経済への切り替えと同時に、経済再建を本格化させねばならない。1925年、保守党のボールドウィン政権は、かつての威信を取り戻すべく1914年以来停止していた金本位制への復帰を断行した。産業界から強い反対の声が寄せられていたにもかかわらず。

その産業界の懸念は、残念ながら当たってしまう。第一次世界大戦の開始前と比べ、ポンドの価値が大きく下落していたにもかかわらず、1ポンド＝4・8ドルという大戦前の通貨レートを踏襲したせいで、繊維や機械、石炭など、すでに衰退の道をたどっていた伝統的な輸出産業はのきなみ価格競争に敗れ、輸出減少という大打撃に見舞われる。品質が同等なのに値段だけ高いのでは、国際競争力を失うのも無理はなかった。

イギリスは輸出産業の不振が続き、100万人の失業者を抱えた状況で、1929年アメリカ発の「世界恐慌」を迎える。

アメリカやドイツのように好景気から一変、不況に転じたショックに比べれば、イギリスはまだましとはいえ、翌年には失業者が257万人と、有権者の1割を占めるまでになった。国際収支も初めて赤字に転じる。

政府支出の緊縮くらいではどうにもならないため、労働党のマクドナルド政権は「金本位制の再停止」「輸入関税法の制定」など、自由貿易から「保護貿易」へと舵を切る。

その仕上げとして1932年7月に締結されたのが「オタワ協定」だった。保護貿易は、イギリス本国だけでは効果が期待できないことから、カナダやオーストラリアなどの自治領諸国、インド以下の植民地をも包み込み、ポンドを基軸通貨とした特恵関税のブロックを形成したのである。これが世界中で起こる「ブロック経済」の始まりで、第二次世界大戦の遠因でもある。

けれども、この大がかりな政策も不況脱出の決め手とはならず、その役目を果たしたのは、低金利政策に由来する「住宅ブーム」だった。

1932年から6年間続いた住宅ブームにより、イギリス産業界の主役は、自動車、電機、化学など国内市場志向型の分野へと変じた。

この好景気により、1938年の実質賃金は1913年に比べ、30パーセント以上の上昇を記録。平均的な小中学校教師の年給の３分の１で自動車が購入できるまでになった。

◇経済危機の光明もたったの一筋

ようやく人心地ついたイギリス経済だが、第二次世界戦の勃発ですべての成果が台無しにされてしまう。

戦争自体は勝利で終えられたが、イギリスは空襲の被害だけでも甚大な上、11億ポンドあった海外資産をすべて喪失。開戦時に7億６０００万ポンドだった対外債務は33億ポンドにも膨れ上がり、世界の海を制していた時期からは想像も及ばない、巨額の債務国に転落していた。

戦後の復興は、「ゆりかごから墓場まで」を選挙スローガンとした労働党のアトリー政権に託された。労働党は基幹産業の国有化を選挙公約に掲げており、事態は切迫しているとの判断から、１９４６年3月のイングランド銀行を手始めに、航空、石炭・電信・電話、運輸、電力、ガス、１９５１年2月の製鉄・鉄鋼に至るまで、順次国有化が実行された。

この政策は大きな成功を収め、当初の目的を達成させるが、それ以上の効果が期待できなかった。

同時期に、イギリスはインド・パキスタンをはじめ、アジア・アフリカ諸国の独立にも直面し、国際収支の頼みの綱であった植民地を手放すこととなった。その結果、先進国の地位は保ちながら、大国のひとつに数えてよいものか、はなはだ疑問の残る状態に低落していた。

1955年に成立した労働党のイーデン政権以降、画期的な経済政策が導入されることもなく、景気刺激政策と急速な冷却政策が繰り返されるばかりだった。課題を先送りして、じり貧を容認する政策を海外の投資家が不安視しないはずはなく、1967年に入るとポンドが売り一色になる。

過去に例のないポンド危機に直面して、労働党の第一次ハロルド・ウィルソン政権は11月、1ポンド=2・8ドルから2・4ドル、率にして、14・3パーセントもの切り下げを断行する。これにより当面の危機は去ったが、産業の停滞による国際競争力の低下と社会福祉政策の負担増による財政の悪化はもはや取り繕いの仕様がなく、イギリスは「ヨーロッパの瀕死の病人」と揶揄される有様で、日本では「英国病」という独自の造語で表現された。

起死回生の策として、1973年1月には保守党のヒースがEU（ヨーロッパ連合）の前身にあたるEC（ヨーロッパ共同体）への加盟に踏み切るが、同年11月に第一次石油危機が起こるとその効果は吹き飛ばされ、非常事態宣言のやむなきにいたる。

国家破産の危機に瀕しているというのに、その後の政権も有効な施策を打ち出すことができず、1977年1月にはとうとう、IMF（国際通貨基金）から23億ポンドの借款を受ける始末となる。凋落という言葉がこれほどしっくりくる例は世界史上でも稀である。

◇経済危機を救う「鉄の女」

地に墜ちたイギリスの威信をいささかでも回復させたのは、2、3年しかもたないだろうと、ほとんど期待されていなかった保守党で初の女性首相マーガレット・サッチャーだった。議会では「選択の余地はない」という強硬派で「鉄の女」とあだ名された。

サッチャー政権（1979～90年）の改革は、「国有企業の民営化」「労働組合との全面対決」「金融ビッグバン」（金融・証券の自由化）の三本柱からなり、目指すところは「小さな政府」だった。

具体的には「社会保障費の大幅削減」「公務員の削減」「教育費の抑制」「シティへの投資の勧誘」などからなり、産業界では石炭業界が狙い撃ちされた。電力の主役が石油・ガス・原子力に代わった以上、炭鉱はもはや維持する必要もなければ、新たに採掘する必要もなかった。

サッチャー政権下では失業率が11・9パーセントから7パーセントに減少したのに対し、実質所得は40パーセント上昇。政府の借入金も大幅に減少したことから、サッチャーはイギリスを蘇らせた人物として称揚された。

だが、その改革の裏には、貧富の差の拡大という弊害が伴っていた。上位1割の所得が65パーセント増大したのに、下層1割の所得は13パーセント減少。蘇ることができたのは国庫と富裕層及び中間層の一部だけだった。

イギリスが1993年に「マーストリヒト条約」（ヨーロッパ連合条約）を批准し、通貨統合は見合わせながら、ＥＵへの参加を決めたことは、イギリス経済の実情をよく表している。

2020年2月には、そのＥＵから離脱し、年末には移行期間が終わる。現首相のボリス・ジョンソンは、27カ国との関係を断つことは「国家として再生し、本当に変わる瞬間」だと説明しているが、イギリス経済にとってこの離脱が吉と出るか凶と出るか、2021年以降に明らかとなる。

大陸を開拓したアメリカ人の次なるフロンティアとは

◇「工業」対「農業」の行方

そこに人がいて土地があるなら「生産」と「消費」が生まれ、「経済」がまわる。生産が消費を上回り、その余剰を我が国のものにできれば、我が国の経済が潤い、経済危機を乗り越える際の貯蓄になる。どこかに、そんな新天地、特に文明が進んでいない未開拓地域（フロンティア）はないものか——。

1607年にイギリスがアメリカに新天地を見出したように、そのイギリスから1776年に独立宣言をしたアメリカもそうだった。アメリカの場合は、国内にそれを見出し、経済成長を続ける。

しかし、その成長も陰りをみせ、危機が訪れる。労働者は失業し、銀行は潰れる。

◆アメリカ領土拡大の歴史

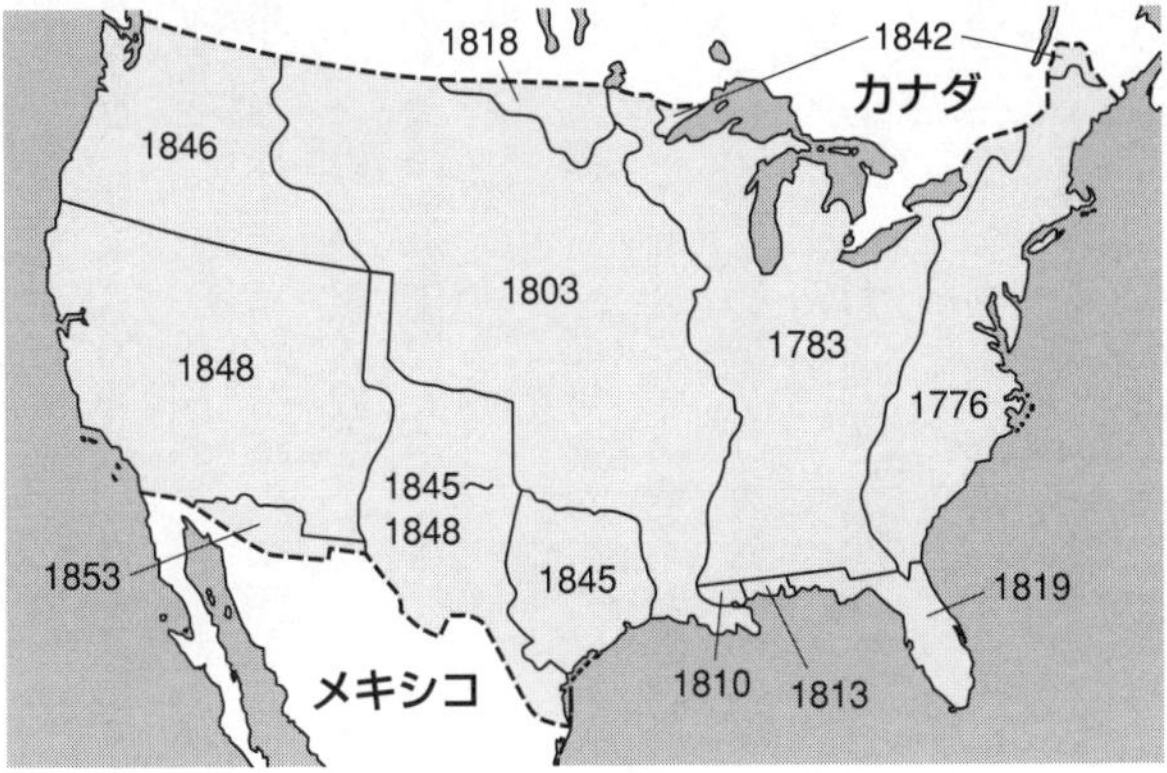

さらなる経済成長を生む新たなフロンティアを探さねばならない。そこで、西と東の海の先にそれを見出すようになるが、果たしてアメリカはどこに進んだか——。

1776年に独立宣言を発したときの領土は、東部の一角に過ぎなかったが、西へ西へと領土を広げていく。新たな移民の流入に伴い、工業も発展したため、国力は増すばかりだった。

1812年のイギリスとの戦争(「米英戦争」)に際して、イギリス製工業製品の流入が途絶し、代替品を自給する必要に迫られた。しかし、むしろこれが国内製造業の育成につながった。アメリカ北東部で繊維産業や機械、鉄鋼業などが発展。1830年代には「産業革命」が起こる。

北部としては、外国の工業製品の国内消費を抑えたい。そのため、輸入品に関税を布く「保護貿易」を求めた。

その一方で、黒人奴隷を使った大農場での綿花栽培を展開する南部は、イギリスの工業製品を安価に入手できて、綿花の輸出にも規制のかからない「自由貿易」を求めた。

この北部と南部の対立が次第に内戦の火種となり、1861年に「南北戦争」が勃発する。1865年に北軍の勝利に終わると、関税の対象は全輸入品に拡大された。これがのちのアメリカ発展の強力な一手となるのだった。

◇アメリカ躍進を襲った「魔の1880年代」

西部への国土の拡大と絶えざる移民の流入に支えられ、1860年代から70年代のアメリカではあらゆる産業が大きく発展する。そのなかでも工業化と都市化の進展は著しく、爆発的な勢いを見せていた。

そんなアメリカ経済に暗雲が漂い始めたのは１８８０年代末のこと。主要商品作物である小麦、トウモロコシ、綿花の価格が下がり続けるなか、西部で発生した干ばつは不作とイナゴの害へとつながり、これに「土地ブーム」の崩壊が重なった。

不況に突入したアメリカにさらに、不安をあおる事態が起こる。

入植当時からアメリカ白人社会は、自分たちを「文明人」、先住民を「野蛮人」と位置づけ、白人の存在しない地域を「フロンティア」と称していた。詐術と暴力を駆使することで、彼らの言う「文明社会」の拡大に邁進したのだが、その実際は、植民地を広げていたのだった。

それだけに１８９０年という年の持つ意味は大きかった。同年の合衆国国勢調査局長の声明には次のようにある。

「１８８０年を含めて同年にいたるまで、この国は開拓のためのフロンティアを持っていたが、現在ではその未開拓地のあちこちに定着地のかたまりができたため、一本のフロンティア・ラインと呼べるものはなくなってしまった。従って、この国勢調査報告書には、もはやフロンティアについて、その範囲、その西方への移動等々を論じる場所を設けることはできなくなった」

要はフロンティアの消滅が宣言されたのだった。

景気が悪化するなかでの同宣言が経済活動全般に悪影響を及ぼし始め、1893年に金融不安が生じると、負の連鎖を止めることができず、1812年の「米英戦争」以降で最大の不況に見舞われてしまう。

企業や銀行などの倒産が相次ぎ、労働者の2割が失業。鉄道・鉱山でゼネラル・ストライキが起こり、首都ワシントンに向けての大行進さえ行われようという緊迫の状況下、連邦政府は直接的な支援や改革を市・州レベルに任せた。

開拓とともに発展し、危機を乗り越えてきたが、新たな「フロンティア」は、ないものか――。連邦政府の目は、海の彼方へ向けられていた。

具体的には、ハワイをはじめとする「環太平洋地域」と、キューバをはじめとする「カリブ海地域」がそれで「海のフロンティア」という表現が用いられることもある。連邦政府はこの2つの海域を、アメリカの新たな市場とする構想を描いていた。

1898年にスペインとの戦争に踏み切ったのもその戦略の一環で、これに勝利したアメリカはキューバを事実上の保護国とし、プエルトリコ、グアム、フィリピン諸島を獲得した。ハワイ諸島を併合したのも同じ年である。

翌年には国務長官のヘイが、清王朝統治下の中国に関する「門戸開放通牒」を関係各国に送付する。中国の領土的・行政的保全をうたうその通牒は、中国市場が特定の国の独占下に置かれることに反対の意図を示したもので、最後にして最大の市場なのだから勝負は公平に行われるべき、早い者勝ちは許さないとする決意の表れでもあった。この布石は、後に日本が中国進出する際に尾を引くことになる。

◇工業の保護が実を結んだ日

19世紀から20世紀の変わり目は、アメリカの外への視線が大西洋一辺倒から大西洋と太平洋の両睨みに転じた時期にあたったわけだが、時期を同じくして国内では「フォード自動車会社」をはじめ、次々と巨大企業が誕生した。

1890年に「シャーマン反トラスト法」という独占禁止法が制定されたにもかかわらず、アメリカでは企業間の吸収合併や統合、大企業による市場の寡占を防ぐことができず、1901年に設立された「USスチール社」は国内鉄鋼生産の60パーセントを占め、1904年には1パーセントの企業が全製品の38パーセントを生産する状態と化していた。違法なはずの巨大企業の存在が容認された背後には、歴代の大統領による恣意的な善と悪の区別があった。

「フォード自動車会社」を例にとれば、創業者のヘンリー・フォードは食品加工工場を参考にして、分業と流れ作業による自動車製造システムを編み出し、自動車の原価と販売価格を大幅に下げることに成功した。これだけでも画期的なところ、さらにフォードは自社の社員をも顧客にしようと、大幅な賃上げも行った。

つまり、違法であっても利益を社会に還元して、経済の活性化に貢献している巨大企業は善だから、大目に見るという配慮が施されていたのだった。

アメリカは国内市場も大きかったが、生産量の増大は内需を大きく上まわり、採算の合う農畜産経営を行うには海外市場の開拓が急務となった。巨大企業からすれば顧客、政府からすれば納税者である農畜産業者を破綻させるわけにはいかず、ここに三者の利害一致のもと、不況脱出の手段として、また大きな見返りが期待できる投資として、環太平洋市場の開拓が、緒に就いたのだった。

ニューディールだけじゃない！世界恐慌を救った「もうひとつの施策」

◇好景気のアメリカと不景気なアメリカ人

第一次世界大戦を終え、アメリカは好景気に沸く。工業生産は断トツだったが、富の分配はうまくいっておらず、貧富の差は大きく開いたままだった。そのとき、アメリカに運命の「暗黒の木曜日」が到来する。失業者対策に「ニューディール政策」を進めるが、決定打とはならなかった。

次にルーズベルトが考案したのは「武器貸与《たいよ》法」（レンドリース法）だった。これにより好景気に返り咲くが、どんな法律なのか。

１９１４年に始まる第一次世界大戦はアメリカ経済にとって、またとない追い風となり、終わってみれば、アメリカは34億ドルの海外負債を抱える債務国から一転、

130億ドルの債権国に変わっていた。
大戦が終結すれば、戦後不況の到来が予測されたが、アメリカ議会は先手を打つべく、保護関税政策に回帰すると同時に、「所得税」「法人税」「相続税」の大幅引き下げに踏み切る。その甲斐あってか1920年代のアメリカは不況どころか未曽有の好景気に沸き立つのである。

1920年の国勢調査では都市部の人口が51・4パーセントと初めて過半数を占め、以降その割合が低下することはなかった。アメリカ的価値観の重心が都市部へ移行したわけで、それにはラジオの普及も一役買った。
大衆の娯楽としては、映画産業と並び、プロ野球やアメリカン・フットボールなどのスポーツが定着。音楽ではジャズが空前のブームとなり、全国どこの職場でも女性の姿が見られるようにもなった。

だが、アメリカ人個々の財布事情を覗いて見れば、その繁栄が泡のごときものであったことが一目瞭然だった。5パーセントの国民が国民総所得の3分の1を占め、80パーセントの家庭が貯金を持たず、70パーセントの家庭が健康で文化的な生活を送るのに必要な年収2500ドルを満たしていない。「隣人は裕福だが、私はそうではない」。これが人々を「株式投資ブーム」に呼びこんだ。

さらに、自動車や冷蔵庫、洗濯機などの電化製品が大量に生産され、大量消費されるが、1920年代後半には購買力が低下する。商品は飽和状態となるが、それでも行き場のない投機が泡のごとく膨らんでいった。

バブルが弾ければたちまち崩れ去るしかない脆さを内包していたが、誰も、世界を揺るがす〝その日〟が来るとは思ってもみなかった。

◇永遠の繁栄を一日で真っ黒にした「木曜日」

「ジャズ・エイジ」とも「狂騒の20年代」「黄金の20年代」とも称された繁栄の時代は突然、終わりを迎えた。アメリカ大統領のハーバート・フーヴァーが、「我々はこれまでの世界の歴史において、貧困に対して最終的な勝利を得ることができる、もっとも近いところにいる」と永遠の繁栄を口にしてから1年後の1929年10月24日木曜日。運命のその日がアメリカを、そして世界を暗黒に染めた。

それまで値上がりを続けていた株が大暴落したのである。世に言う「暗黒の木曜日」で、いったんは揺り戻しながら、翌週の火曜日にはさらに大幅な下落を記録し、下げが止まらなくなった。

工業株平均値を例に取れば、１９２９年９月には４６９ドルであったものが同年11月には２２１ドル、１９３２年には58ドルにまで下落した。

一番、打撃を被ったのは自動車をはじめとする製造業で、アメリカの全工業生産の規模は１９２９年から３３年のあいだに60パーセント弱に落ち込み、同年の失業者は１３００万人ともいわれ、４人に１人、率になおすと25パーセントの人が路頭に迷ったのである。

１９３０年末頃からは銀行の倒産が始まる。それがヨーロッパの銀行をも巻き込むに及び、ウォール街にあるニューヨーク証券取引所発の大恐慌は世界恐慌へと発展した。

すでに「アメリカがくしゃみをすれば世界が風邪を引く」状態と化していたことから、１９３３年の世界貿易は１９２９年の40パーセントにしかならず、世界経済の回復には何よりも、アメリカ経済の回復が求められた。

１９３３年に第32代アメリカ大統領となったフランクリン・ルーズベルトに託さ

れたのは経済再建で、彼が推進した「ニューディール政策」はそれを至上目的とした。ニューディール政策は、失業者にお金と、公共事業による仕事を与えるなど、国庫を開いて政策にあたったが、根本的な解決には至らなかった。

しかし、アメリカはヘゲモニー国家から転落することなく、いまに続く。何が解決のきっかけとなったのか。

結局、アメリカの不況と失業の解消に決定的な役割を果たしたのは、第二次世界大戦における「軍需」だった。その根幹をなすのは、ルーズベルトの打ち出した「武器貸与法」で、戦争で必要な軍事物資を貸すか、賃料を支払わせた。

イギリスやフランス、ソ連などに、軍事物資を〝販売〟とする形をとると、戦後に返済不能に陥る恐れがある。だが、貸した物資なら返却すれば金銭が発生せず、消費した物資、損傷した物資に関してだけ賃料払いという、画期的なものであった。

アメリカに不利な法律ではないか、と思えるかもしれないが、アメリカには目先の金銭より深刻な失業者問題があった。

「武器貸与法」で各国の需要が増えれば、アメリカの軍需産業は人手が必要になる。

失業者の受け皿ができれば、ニューディール政策が功を奏した形となる。

1940年の失業者は800万人に上り、増大を続けていたが、1942年には266万人に減少し、失業率も4・7パーセントと、減少傾向が顕著となった。


第二次世界大戦を契機として、アメリカでは政府と軍、少数の巨大企業が密接なつながりを持つようになった。これを「軍産複合体」と言う。

一度経験した蜜の味を忘れるはずはなく、アメリカではこれ以降、軍産複合体が政治を左右する存在と化す。戦争ほど儲かる商売はなく、それで養われる人間が増えれば増えるほど、減収減益はもとより、生産ラインをストップさせるわけにもいかなかった。

アメリカが参戦しなくとも、常に世界のどこかで代理戦争が行われているのが望ましく、冷戦に至らずとも、軍拡が継続していれば利益が保証された。

ゆえに軍産複合体にとって、ジョン・F・ケネディ大統領が唱える軍縮や緊張緩和は喜べることではなく、1963年11月22日に起きた暗殺の黒幕として彼らが疑われるのも、無理からぬ面がある。

製造業の時代が終わりを迎えても、世界一であり続けられる理由

◇アメリカの財政を圧迫し続けるものとは

へゲモニー国家となったアメリカはそれまでの「保護貿易」から「自由貿易」へと転じ、政治と軍事の両面において、いわゆる自由主義（西側）陣営のリーダーとして世界経済を積極的に牽引していく。

１９４５年からの20年間は、１９５７年を除けば一貫して経済成長を続け、国民総生産は2倍半にも増加。失業率も５パーセント以下が続いていた。アメリカ史上空前の繁栄期と言っても大げさではない。

しかし、時代の流れは製造業ではなくなり、輸出は減少。また、〝世界の警察〟としての役回りは、アメリカの財政を赤字続きとした。それでも安心していられる理由とは——。

1920年代には金があっても、買えるものが限られたが、第二次世界大戦後は状況が一変。家電を中心として、購入意欲をそそられる商品が次々と登場する。

大戦下の耐乏生活から解放された後、まず人びとの購買意欲が向かった先は、自動車や冷蔵庫といった耐久消費財だった。次が住宅で、1940年代末からはテレビが爆発的に普及を始めた。戦火で工場設備の大半が失われ、立ち直るまでに時間を必要とした日本やヨーロッパ各国も、これら消費財の需要な顧客だった。

持ち家率も1940年の40パーセントから1960年には60パーセントに上昇するが、上昇分の大半は郊外の庭付き一戸建てで占められていた。当然ながら、自動車なくしては通勤も買い物もできないから、郊外に住宅を購入する人は必ず自動車も購入。郊外住宅ブームは自動車産業の活性化と直結していた。

労働者の平均実質賃金は、大戦終結後の十数年でそれ以前の半世紀分にあたる伸びを示した。ただし、増えた所得を貯蓄することなく、ことごとく消費するか投資にまわすところなどは、平均的な日本人とアメリカ人の大きな違いかもしれない。

労働者の内訳も、ブルーカラーが減少の一途をたどったのに対し、専門職やホワイトカラーは増え続けた。製造業中心からサービス業中心への移行はもはや時代の流れだった。

しかし、好景気は永遠に続くものではなく、日本やヨーロッパ諸国の復興が進めば、各国とも無理してアメリカ製品を購入する必要がなくなる。需要が減少すれば、アメリカ経済の減速は避けられないことだった。

好景気が続いたあいだも、アメリカ政府の財政は常に赤字。その一因は、国家の安全保障に関わるとして、あまりに多くの軍事基地を外に設けていたからで、19世紀のイギリスが踏んだ轍と非常に似通っている。

国土の防衛ではなく国家の安全保障となれば、その対象範囲は曖昧にすぎる。これでは軍事費が天井知らずになるのも無理はなく、「ベトナム戦争」（１９６４〜７３年）が泥沼状態にあった１９７１年、アメリカは１８９３年以来なかった貿易収支の赤字を経験する。

同年、ドルの価値が下落。あわせてインフレに直面し、経済危機に陥る。ドル防衛策を講じなければならないが、その策がさらに首を絞めることとなるのだった。

◇経済の行き詰まりにした「ショック療法」は何を生んだか

1971年、リチャード・ニクソン大統領は、思い切った経済政策を打ち出し、世界に衝撃を走らせた。

賃金と物価の90日間凍結、及びドルと金の交換停止という「ショック療法」を採用したのだ。同時に、輸入品に10パーセントの課徴金を課すが、これは、自由貿易の原則から保護主義に転換したことを意味した。

しかし、結果的にはアメリカ経済の凋落を内外に印象づけただけに終わり、1973年には「変動相場制」への移行を余儀なくされ、ドルの価値はなおも落ち続けた（「ドル危機」）。

1973年は「第四次中東戦争」に伴い、アラブ産油国が初めて石油戦略を発動した年でもある。1970年には40億ドルだった石油輸入額が1980年には900億ドルにまで上昇。

安価な石油に依存してきたアメリカ経済の受けた打撃は深刻だった。

1981年にロナルド・レーガンが大統領に就任した時点で、失業率は7パーセントを超え、年率10パーセントのインフレも進行中だった。レーガン政権は「石油の節約」「税の滞納及び脱税防止策の強化」「高額所得者と法人の優遇」などにより、インフレの抑制と失業率の5パーセント台への低下という成果をあげる。

だが、産業界では政府の意図とは別の変化が生じていた。

全雇用労働者のうち、製造業に従事する者の割合は1950年の40パーセントから20パーセントにまで低下。工場施設のロボット化や海外移転が目立ち始める。国内に留まる場合でも、税負担の低い南部や太平洋沿岸地域への移転、生産の縮小、正規雇用を減らしてパートタイマーを増やすといった合理化をしないことには、生き残れない状況だった。

とはいえ、製造業のすべてが凋落したわけではなかった。

「情報コンピュータ産業」や「航空宇宙産業」などのハイテク分野だけは急成長を続けていた。IBM社がのちに世界標準となるパソコン、「IBM 5150 Personal Computer」（いわゆる初代IBM PC）の販売を始めたのは1981年のこと。情報化時代の静かな幕開けだった。

航空宇宙産業の分野では、情報化時代の進展と世界的な航空機需要の増加が強い追い風となった。人工衛星の役割は宇宙観測に留まらず、テレビ中継や電話・通信サービスをはじめ、中継経路としての用途だけでも無限の可能性が秘められている。打ち上げに成功すれば、十分な利益が約束されているが、言うほど容易くはないのが現実である。

アメリカはこれらハイテク分野では依然として世界のトップに君臨していながら、貿易赤字と財政赤字の「双子の赤字」を危惧している。

だからこそ、貿易赤字の相手国に厳しくあたり、技術流出や知的財産の侵害にも神経質になるわけだが、資金と人材がアメリカに流入し続ける限りにおいては、トップの座から陥落することもなく、経済もそう遠からず回復可能なはずである。

第2章

「強権政策」がもたらしたのは成長か、後退か

～中国・ドイツ～

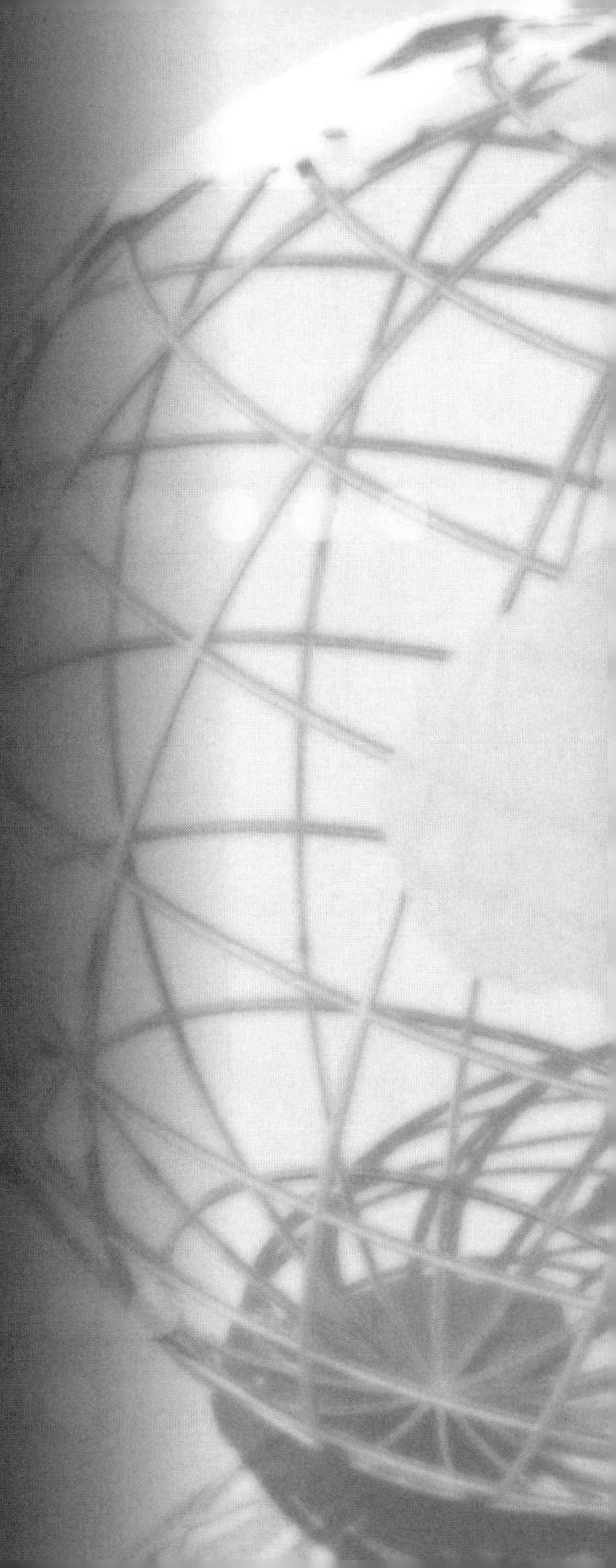

「領土奪還」か、「経済再建」か……、下した決断は正しかったか

◇今も語り継がれる2人「愛国将軍」と「売国賊」

戦争は経済を崩壊へと導き、国家の危機にも直結する。しかし、隣国に攻め込まれて領土を半分も取られたとき「領土奪還」か、「和平に持ち込む」か、その判断は難しい。本項は危機の時代を戦った3人の男をたどる――。

風光明媚な西湖という湖の畔に位置し、龍井《ロンジン》という銘茶の産地でもある浙江省杭州市《せっこうしょうこうしゅう》には、岳王廟《がくおう》という由緒ある祠廟《しびょう》（死者を神として祀る建物）があり、多くの観光客を集めている。

岳王とは、南宋《なんそう》（1127～1279年）初期に活躍した岳飛《がくひ》という武将を指し、

同名の廟は全国に数カ所ある。どこの岳王廟にも、正殿（本殿）に岳飛像が安置されているのはもちろん、欠かせない付属物がひとつある。男女二対、計４人が後ろ手に縛られている座像がそれで、この４人は、岳飛を死に追いやった宰相の秦檜《しんかい》とその腹心、および両人の夫人にして、現在にいたるも「売国賊」「漢奸《かんかん》」（裏切り者）の代表格と目されている。

対する岳飛は「愛国将軍」「救国将軍」として崇められているのだが、そうなった経緯を説明するには、宋王朝の始まりから説き起こさなければならない。

宋王朝（９６０～１２７９年）は都の場所から、北宋（９６０～１１２７年）と南宋に分けられる。

それに先立つ「五代十国時代」（９０７～９７９年）とは、読んで字のごとく、華北では５つの王朝が短いサイクルで入れ替わり、その他の地域で十余の国が興亡を繰り広げたことによる。なぜ、ここまで短命だったのか。理由のひとつに、各王朝が地方の武官に大きな権限を与え、武力をもとに強権的な政治を行う「武断政治」を許したせいとの見方がある。

そのため、次代の北宋では、中央への権限集中と文官優位の原則を徹底させた。その効果は確かにあったが、一方で、外敵が攻めてきても有効に対処できないという弊害が生じた。

北方の外敵とは、当初はモンゴル系民族のキタイ（契丹）。12世紀にはそれがツングース系のジュシェン族（漢文史料では女真）に代わる。

北宋は女真族が建てた金国により、1127年に滅ぼされる。都である開封《かいほう》が占領され、上皇の徽宗《きそう》、皇帝の欽宗《きんそう》以下、宋の宗室500人、重臣をはじめお付きの者など2500人が北方に拉致された。これを「靖康《せいこう》の変」と言う。

宗室で唯一難を免れた趙構《ちょうこう》（高宗）が擁立され、長江下流域の江南で、1138年、王朝を再建する。これが南宋だが、国土の4割近くを失った上に中央正規軍である禁軍が統制も実力も喪失、行政系統をずたずたにされた打撃は深刻極まりなく、経済的な損失は数字では表しえないレベルに及んだ。

国土の4割を失い、首都を占領される――、身近に置き換えるとどうなるか。日本でいう北海道から東京、長野県までを占領され、大阪に首都を作り直すようなものか。このとき、国の選択を任されていたらどうするか。失われた領土を取り戻すべく、首都奪還を目指し徹底抗戦をするか、はたまた、経済、政治回復のため、一度、和平の交渉に入るか。

その時、有力な軍人は徹底抗戦を唱えて聞かなかった。有力な軍人はそれぞれ財源と私兵を持ち、権力を持ち始めていたのだった。

対して、国の管轄の軍、禁軍はすぐに再建されたが、それは形式上にすぎず、各地の豪族や農村の自警団などから成る、烏合の衆というのが実態だった。

高宗としては、失われた国土を取り戻すことよりも、国家経済の回復を優先したい。そのためには平和な時間が必要で、一日も早く金国と和平を結ぶのが先決であると考えた。しかし、主戦派の軍人を抑えきれない。どうすべきか――。高宗は思い切った措置を取ることができずにいた。

◇高宗の味方になった「ある政治家」の思惑

そんな高宗の強い味方となったのが秦檜だった。だが、この秦檜、疑いの目を向けられても晴らすことのできない過去があった。

北宋の時代、金国に対して主戦派だった文官の秦檜は、「靖康の変」で拘留された者の一人。金国の拘留状態から解放されたか、あるいは逃げたか、夫人や召使いたちを伴い、無事に帰国を果たしたという。

秦檜は、帰国後、高宗に「北を金国、南を宋」として金国に和平をもちこむよう進言した。周囲の者からは、かつて主戦派で、なおかつ敵国の金国にいた者として、疑いの目を向けられるのは当然だった。

「金国と何か密約を交わしたのでは」と声が上がるが、高宗はそれに耳を貸さず、秦檜を重用して、ついには宰相（今でいう首相、総理大臣）に抜擢する。


秦檜は、長江、黄河に次ぐ中国第三の大河である淮河《わいが》の線を国境とすることで講和に持ち込みたかった。しかし、間の悪いことに、南宋軍にあってひとつだけ、連戦連勝の軍があった。それは、後に愛国将軍の名を遺す岳飛で、破竹の勢いで進撃をかさね、かつての都・開封の目前にまで迫ったこともあった。

経済再建を優先させるには、岳飛を退ける必要がある。秦檜は、岳飛に撤退を命じる勅書を何度も発するが、岳飛は応じない。そこで、岳飛以外の軍をすべて撤収させることで、それ以上の進撃を断念させるしかなかった。

金国の側でも和平を望む声が高まってくると、この機を逃してはならないと、秦

◆北宋時代（上）と南宋時代（下）

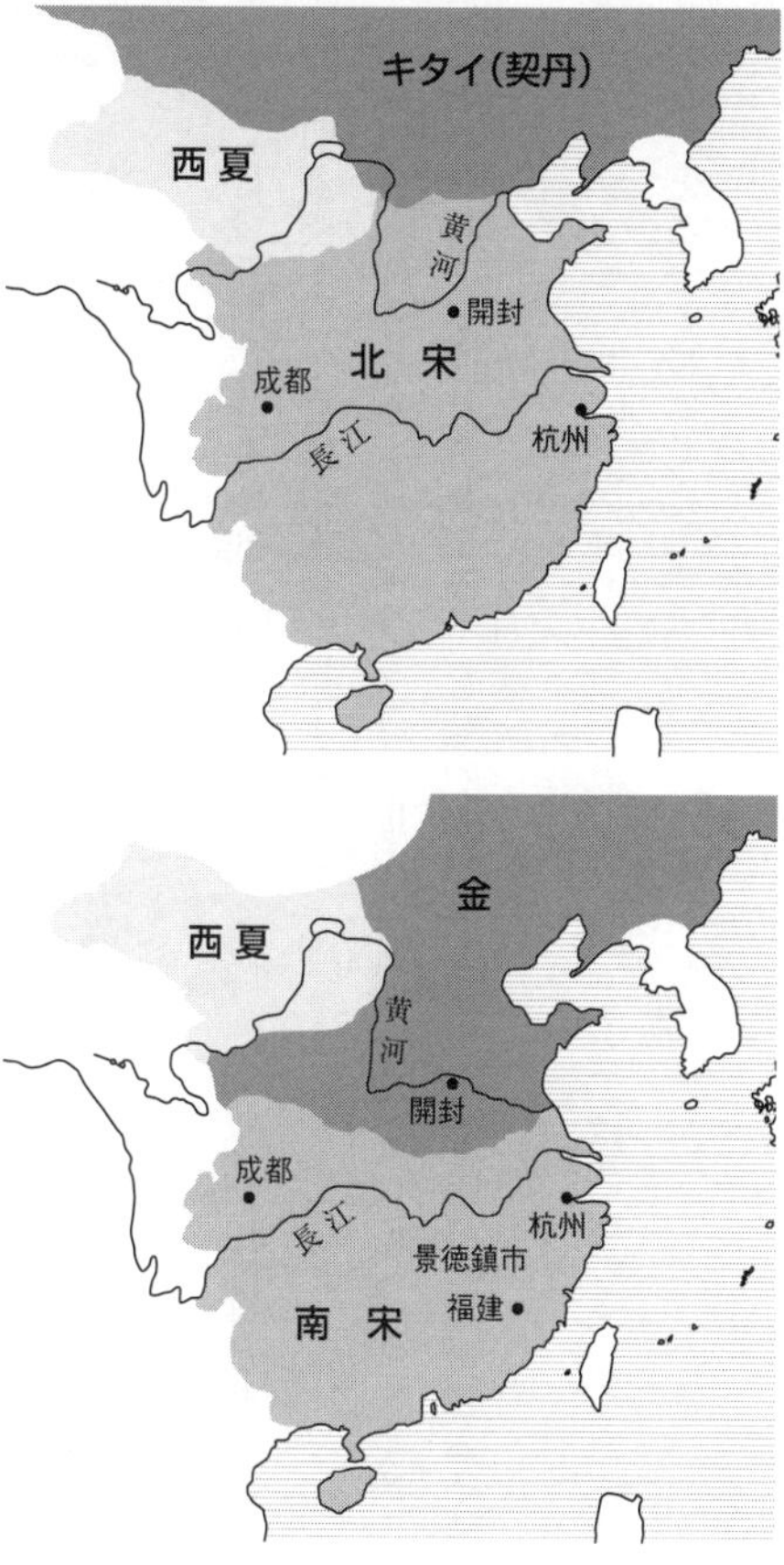

檜は、主戦派の武官には〝アメ〟を、文官には〝ムチ〟というように、硬軟を使い分けた。主戦派の文官たちには適当な罪をなすりつけ、次々と朝議の場から引きずり落とした。

武官たちには買収工作を徹底させ、高位高官を授けた。軍の指揮権と財源を差し出すのと引き換えに、将来の栄誉富貴を約束したのである。

大半の軍人が従うなか、ただ1人それを拒んだ者がいた。最後まで戦をやめなかった岳飛である。秦檜はアメが通用しないと見て、武官でも岳飛にだけはムチを用いることにした。

謀反の罪をでっちあげ、岳飛とその嫡男の岳雲、さらには岳飛の主立った部将たちまでをことごとく投獄したのである。

その間に交渉をまとめ、1141年11月には金国との講和を成立させた。それは以下の四カ条からなる。

1、金国と南宋は東方の淮河から西方の大散関までの線を国境とする

２、南宋は金国に毎年、銀25万疋《ぴき》・絹25万疋を贈る
３、南宋は金国に対して臣下の礼をとる
４、金国は亡くなった徽宗の棺と高宗の生母を返還する

銀25万疋・絹25万疋は中央国家財政全体からすれば微々たるもの。北方民族に対して臣下の礼（ひざまずいて両手を地につけ、頭を地につける礼儀）を取るのは大変な屈辱だが、背に腹は代えられない。南宋にとって必要なのは、国家の再建を図るに十分な平和な状態と時間なのだから。

そして、同年12月、岳飛父子は、獄中で毒殺された。釈放すれば再び軍を起こし、せっかくの講和を台無しにされかねない。秦檜としてはやむをえないと判断したのだろう。

ともあれ、戦争がやんだことで、南宋は国家の再建に専念することができた。江南の本格的な開発が緒に就いたのもこのときである。

一時の譲歩のおかげで、南宋は中央集権体制の再建を果たすとともに、経済と文

化の面では大いに繁栄を見る。同じ面積の田畑でも江南での収穫量は、中国北部の2〜3倍。中国史上、穀物の余剰が生じたのは南宋の時代が最初である。

商業都市が急成長を遂げたのもこの時期で、陶磁器や成都《せいと》の絹、浙江・福建《ふっけん》の茶といった特産品の集中生産も始まる。現在でも、景徳鎮《けいとくちん》市といえば陶磁器生産で世界的に有名である。

農業でも手工業でも、国の中心地が南部に移ったことで、中国史上初めて、南部が経済的に優位に立つことにもなったのだった。


歴史に「もしも」をもちこむなら――。和平の駆け引きの裏には、実は岳飛が開封目前まで攻め込んだ活躍があったからこそ、金国の譲歩を引き出せたのかもしれない。しかし、岳飛を止めずに戦をしていたらどうなっていたか。戦費がさらに必要となり、もし戦に負ければ、金国の主戦派がさらに勢いづいていたことだろう。

経済再建優先の立場から、岳飛を無実の罪で亡き者とした秦檜は、売国賊か否か、今となっては藪の中である。

世界史上、最も版図を拡大したモンゴル帝国の経済手腕

◇モンゴル帝国が版図を拡大できた理由

世界の歴史は、覇権を争い、版図の拡大と縮小を争った歴史といっても過言ではない。しかし、こと経済の側面からみると、版図拡大は必ずしも望ましいことではない。

版図が拡大すれば貧富の差が生まれやすく、それが反乱の火種になりかねない。天災が起きたなら迅速に救済措置を取らなければならない。遅れれば被害はさらに拡大する。さらに、国内の流通や税の徴収方法によっては、農民蜂起のきっかけともなりかねない……。

かつて、多くの国は、覇権を手にしながら、版図を拡大しすぎたために、経済の諸問題を抱え、亡国の憂き目にあった。ただし、世界史上で最も版図を拡大したモ

ンゴル帝国は違った。

その秘訣は「人材登用」にあった。版図拡大は、すなわち他国を取り込むということ。攻め入った国の恨みを買うことにもつながり、反乱を恐れるのが常である。しかし、フビライ（クビライ）は分け隔てなく才能ある者を見出し、登用を行ったのだった。


初代君主のチンギスがモンゴル高原の統一を成し遂げたのは1206年のこと。1219年には中央アジア、1241年にはヨーロッパ、1253年には西アジアへの遠征が開始され、それらの戦果の上に、孫のクビライが即位したのは1260年のことだった。1271年には国号を「大元ウルス」とした。モンゴル語のウルスは「国」または「部衆」と訳される。

五代目君主のクビライの治世、モンゴル帝国の版図はアジア大陸の過半からヨーロッパの東部に達し、海の通商圏はインド洋と南シナ海全域に及んだ。

絶えざる版図の拡大は必然的に軍事費の膨大化を伴う。優秀な経済官僚なくして黒字運営は不可能に近く、クビライはその人材を色目人と総称された西域出身者に求めた。

北方民族の遊牧国家が人材を西域に求めた例は過去にもあった。６世紀中頃から８世紀中頃まで、モンゴル高原から中央アジア一円に覇を唱えた突厥《とっけん》がそれである。彼らはイラン系のソグド人に財政を任せただけでなく、政治顧問としても重用した。ソグド人の本拠地は中央アジアだが、モンゴル帝国が経済官僚の〝頼み〟とした色目人もやはり大半は中央アジアか西アジア出身者で、イラン系もいればアラブ系、トルコ系民族もいた。すでにイスラーム化の波を被った後だったので、ほぼ１００パーセントがムスリム（イスラームの信徒）だった。


クビライがムスリム官僚を重用した理由としては、「ムスリムの持つネットワークが有効で、情報収集に優れていたこと」「ペルシア語で会話が成り立ったこと」などがあげられる。

ムスリムによる海路を使った訪中は北宋時代から盛んで、ムスリム商人の蒲寿庚《ほじゅこう》のように、福建の泉州で巨万の富を築き、海賊の取り締まりや税関の管理まで任されるような者も少なくなかった。クビライは蒲寿庚を登用することで海上通商勢力を丸ごと手に入れたようなものであった。

また、ペルシャ語を操れる人材は貴重だった。ペルシャ語はアジアの東西交易に従事する者たちのあいだで国際語と化しており、クビライ以下、モンゴルの有力者たちにも自由に操れる者が多かった。イタリアの商人で、『東方見聞録』で知られるマルコ・ポーロも中国ではもっぱらペルシャ語で通し、それで何ひとつ不自由がなかったという。


クビライは彼らムスリム官僚に財政を任せながら、漢人官僚には行政処理能力以上のことは求めていなかった。国制を定める際に協力を仰いだのを例外として、政務には一切関与させなかったのである。

イスラーム世界やキリスト教世界をも知るクビライには、旧金国領も旧南宋領も広大な支配地の一部にすぎなかったのだ。漢人が古くから中華と称してきた土地とそこに居住する民だけ特別視する理由を見出せなかったものと考えられる。

◇モンゴル帝国の統治の秘訣は「税収」にもあった

◆史上最大のモンゴル帝国の版図

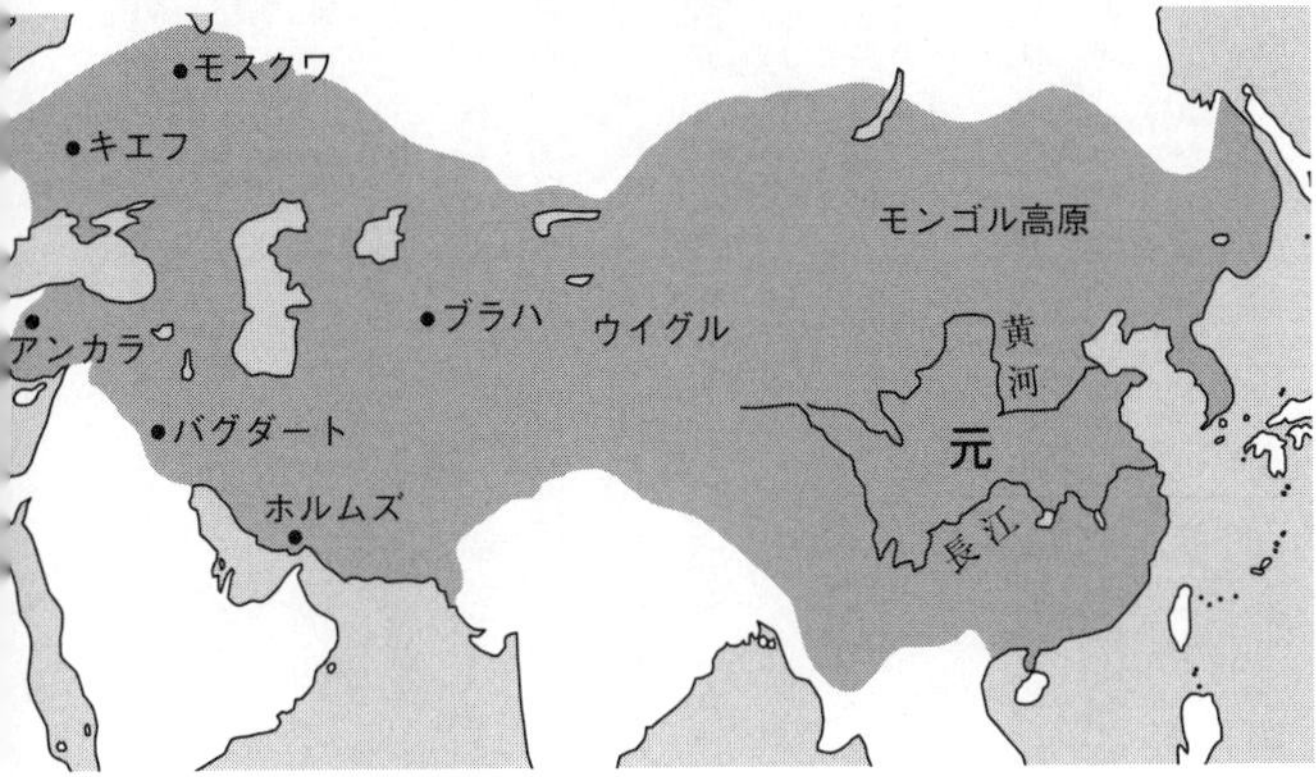

クビライが南宋の都・杭州を陥落させたのは1276年（残党を全滅させたのは79年）だが、その間の戦費を賄うために抜擢したのは、アラビア商人出身のアフマド、次にトルコ系ウイグルのサンガで、2人とも期待に背かぬ働きを見せた。

アフマドとサンガの成功は、どちらも塩や茶などの専売から上がる利益に着目したことに拠っており、大元では、これ以降もこの収益「官業専売収益」に歳入（国の収入、財源）の半分以上を依存する状況が続いた。

さらに、モンゴルによる統治は農業

以外からの収益増も目論んでいた。

まずは、長らく南北に分断された中国経済を再統合させた。全国に駅伝施設（今でいう、サービスエリア、道の駅のようなもの）を1400設け、5万匹の馬、6700匹の騾馬（ラバ）、4千の車、6千の船を配備したところ、南北間の人とモノの流動が盛んになり、経済がまわるようになった。

また、海運と並び、大運河を修復することで、船を使って内陸でも南北間の物資往来ができるようになり、遠隔地商業も活性化した。

商業からもたらされる税収もばかにならず、クビライは中国大陸の豊富な人口に無限の可能性を見出していた。農業などの第一次産業に執着するのは宝の持ち腐れ、中国をより多く利潤が期待できる「通商国家」に改めたかったように見える。

クビライは、世界史上、最大の版図とその安寧を誇る大元を治めた。その秘訣は、人材の登用には才能とその者の背景にある利益を見出し、税収を経済の活性化のためのインフラ整備に投じたことによるものだった。

その先をも見据えていたクビライだが、彼以降の君主に有望な人物を欠いたため、元王朝時代に繁栄の「通商国家」が来ることはなかった。

地獄絵図の時代を切り拓いた皇帝の言葉

◇元朝末期に忍び寄る経済崩壊の足音

元朝末期の１３２０年代以降、相次ぐ自然災害により、全国各地で十万人単位の飢民・流民が発生する。記録には、人肉を食らって飢えをしのいだとある。貨幣経済は完全に破綻し、自然経済（お金を通してではなく物々交換による）に回帰した。まさに経済は崩壊の様相を呈した。しかし、歴史には必ず「その後」がある。

元朝末期の壊滅的な経済危機を乗り越えた中心人物は、貧農の身から１３６８年に明を興し、皇帝まで上り詰めた朱元璋《しゅげんしょう》（太祖《たいそ》）である。

朱元璋は、経済危機に際して「３年間の免税」「帰郷の奨励」「移住政策」「耕牛と種籾《もみ》の貸与」「大規模な水利事業」などを手掛け、生産の回復と生活の安定に尽力する。だが、そこに至るまでの道は、決して楽なものでなかった。

まずは、元朝末期の経済崩壊までの道のりをたどる。

1271年にモンゴル帝国のクビライが興した元王朝は、1368年に滅亡する。通商国家を目指しながら、その滅亡を早めた理由のひとつが皮肉にも経済、それも「紙幣の発行」が理由という。

銀や銅銭の不足を補うため、クビライも金国や南宋に倣《なら》って紙幣「交鈔《こうしょう》」を発行。経済効率を大幅に高めることに成功した。だが、いくら便利なものでも乱発してはいけない。発行量が兌換可能な額（発行者の信用で発行された紙幣と金貨や銀貨などが同額で交換できる額）を超えてしまえば価値が下落するのは避けられず、元朝末期、それは通貨全体への信用不安、物価の上昇（インフレ）へとつながった。

1260年、米一石が600～700文で買えたのに、14世紀初頭には米一石が5000万文にも値上がりしていた。

貨幣の信頼が失墜しては、流通の混乱は避けられず、経済は停滞を余儀なくされた。

◇二重苦、三重苦……、苦難はさらに続く

悪い事は重なり、1320年代からこれに相次ぐ自然災害が重なる。1328年の大飢饉は中国全土に及び、さらにペストの流行が広まり、「14世紀全般の危機」の災禍に巻き込まれたのだった。

それにもかかわらず、政権中枢は権力闘争に明け暮れ、救済をなおざりにしたことから、翌年には各地で飢民・流民の集団が大発生する。

1333年6月には華北が大雨に見舞われ、大都（現在の北京）とその周辺地域が水浸しになったかと思えば、江南では雨がまったく降らず、厳しい干ばつに見舞われる。その後も1344年に黄河が氾濫するなど、大規模な自然災害があとを絶たなかった。

わずかな米を手に入れるために妻子を売る者、自分の子に手を下すわけにはいかないとして、他の家族と嬰児を交換して人肉食をする者が続出するなど、さながら地獄絵図のような光景が日常化した。

元朝政府に対する不満と反発が高まるなか、1351年に白蓮教《びゃくれんきょう》という仏教系の宗教結社が反乱を起こす。目印に紅色の頭巾を使用したことから「紅巾の乱」と称される。

これに呼応する者が相次ぎ、長江から淮河流域にかけては、たちまち元朝政府の統治の及ばない、群雄割拠の状態に陥った。

そのなかで頭角を現したのが、大明帝国（明王朝）を創設する朱元璋だった。1368年1月には帝位につき、その年の内に大都からモンゴル勢力を駆逐することに成功した。

朱元璋こと、洪武帝《こうぶてい》（おくり名）は、切迫した問題を解決する〝カギ〟は「荒廃した農地」と「激減した人口」にあると見た。農民出らしい目の付け所で、国の基本である「食の供給」と「労働者の安定」を図ったのだった。

◇治世300年の建国者の訓諭

洪武帝は、即位して迎えた最初の正月、各地から挨拶に集まった地方官を前に、次のような訓諭を下した。

天下は新たに平定されたものの、人民は財・力ともに困窮している。例えれば、巣立ち間近い鳥はその羽を抜いてはならぬし、植えたばかりの樹木はその根を揺るがしてはならぬ。人民も同様である。彼らを安養生息させることこそ、現今の政治の要諦である

ここに洪武帝の養民政策が開始される。とにもかくにも流亡者たちを再定住させないことには始まらないので、彼らには「納税と徭役《ようえき》の3年間の免除」に加え、「耕牛や種籾《もみ》を貸与」し、「開墾した土地の所有権を認める」といった優遇措置をとることで帰農を促した。

それ以外にも、人口密度の高い地域から低い地域への強制移住、国家による大規模な水利事業の推進など、生産力回復のためにできることをすべてやった結果、1381年の耕地面積は1368年時点の2倍、1393年のそれは4倍にまで拡大。国家の歳入もそれに比例して回復した。

人口も1291年に5984万8964人だったのが、1393年には6054万5812人と記録にある。飢餓と戦乱で一時は3分の1近くまで激減したことを思えば、驚くべき回復力と言える。

地獄絵図と化した荒廃から、洪武帝が即位した1361年からかなりのスピードで立ち直れたのはなぜか。その理由は、洪武帝が布いた特殊な政治体制に求められる。

洪武帝は、まずは皇帝があらゆる決裁を下す体制をつくりあげた。危機の時代において、膝を突き合わせて議論に時間を費やすより、独裁で即断即決するほうが理に適うと判断したのである。

洪武帝が建国した明はその後、建文帝《けんぶんてい》を経て、1402年に即位した永楽帝《えいらくてい》の時代、全盛期を迎える。李自成《りじせい》の反乱によって滅ぼされる1644年まで、明はおよそ300年もの治世を誇るのだった。

「通貨の難」「食糧の難」「人口の難」、それぞれどう乗り越えたか

◇経済流通の要「貨幣の発行」に手を焼いた明

中国の歴史上、明王朝は1368～1644年まで、約300年の長期におよんだ。しかし、税の銀納化が経済混乱を引き起こし、反発した民衆により抗議運動が各地で頻発する。

さらに、ただでさえ火の車の国家財政に「ある国」がのど元に刃を突き付ける結果となった。

さらに、折からの自然災害に加え、経費節減のために人員削減を断行したところ、大規模な反乱を誘発し、明の時代が終わるきっかけとなる。明に取って代わった清王朝はデフレに悩まされる。

本項では、明の経済危機から清王朝のデフレ脱却の道のりをたどる。

かつての元の時代、兌換紙幣だった「交鈔」は、結局、不換紙幣（金や銀に交換できない、担保となる価値ではなく、信用で成り立つ紙幣）となり、インフレを引き起こした。

続く明もこれに倣って１３７５年、紙幣「大明通行宝鈔」の流通を実行するが、発行当初から不換紙幣だったため、やはりまもなく取り止めとなった。このお札は、縦が約40センチ、横が22センチとＡ４サイズより大きく、世界史上、最大の大きさである。

紙幣の流通がならず旧来の銅銭に回帰した。銅銭のデメリットは人の手を経るごとに磨り減っていくため、定期的に回収して、新たな銅銭を流通させなければならないこと。しかし、原料の銅が足らなくなれば、流通する銅銭は自ずと減る。

15世紀後半にもなると、江南地方では「綿織物・絹織物業」「塩業」「陶磁器業」などの発達が顕著になるが、貨幣の発行が滞りなく進まないと、経済が円滑にまわらない。むしろ、経済の混乱や停止を招きかねない状況にあった。

◇「通貨の難」と「税収の難」、さらに追い打ちをかけたある国

そんななか、おりよく海外から日本産とメキシコ産の銀が大量流入を始めた。この銀が形状にかかわらず、重さによって貨幣同等と見なされ、流通するようになった。

これに目をつけた明政府は16世紀中頃から、税を銀で納めることを認める「一条鞭法」への変更を徐々に進め、１５８０年代の万暦帝（在位１５７２〜１６２０年）の時代に全国に普及した。米や麦などの現物で納めていたのを、銀に交換した上で納めよというものだった。

これで税制が円滑に進むのならよかったが、残念ながら簡単にはいかないのが世の常である。

銀での納税にあたり、「輸送コスト」や「地方の役所の経費」、「地方官吏の給与」など、「加耗」と総称される付加税があわせて徴収されたことから、不正の入り込む余地が生じた。

それにより、何が起こったか。農民の負担が一挙に増すこととなったのだ。日本史で言う農民一揆や米騒動が各地で頻発するようになり、それを鎮圧するには、明政府は軍を動かさなくてはならない。つまり、農民の抵抗により税の徴収が不可となったせいで、軍事費も膨らむといった具合に、政府の財政危機はさらに深刻化したのだった。

軍事行動のなかでも特に響いたのは16世紀末に起こった「万暦三大征《ばんれきさんだいせい》」と呼ばれる3つの遠征で、そのうちのひとつは朝鮮王朝からの援軍要請に基づき、日本の豊臣秀吉軍を相手とした。

明の国庫は万暦三大征により、とどめを刺された感がある。国が経済危機になったらどこから手をつけるか、明政府の場合、人件費の削減だった。

兵卒や駅夫（駅逓要員・郵便や馬つぎ・飛脚のような仕事をする者）が大量に解雇された。路上にあふれる彼らが反乱を起こせば危険なことくらいわかっている。しかし、今回のそれは、予想外の大勢力に成長し、結局のところ約300年続いた明は、1644年、李自成という元駅夫によって滅ぼされるのだった。

明に取って代わったのは、かつて南宋と対峙した金国の末裔、満洲族の大清帝国（清王朝）だった。李自成を蹴散らした清軍は明の残党をも次々と平定していく。清朝の中国統一がなったのは、1683年のこと。そして、翌年には海外貿易が解禁される。これに伴い、海外からの銀の大量流入が再開され、清は国の成立以来のデフレからようやく脱することに成功する。

◇人口の増減が物語る経済危機と成長

一方、民衆はデフレ以外にも深刻な危機に直面していた。明朝末期に反乱軍が強大化した背景には、相次ぐ自然災害による飢餓の蔓延があり、食糧不足と戦乱のダブルパンチだった。17世紀初頭の人口は2億人に達していたものの、明滅亡の1644年前後にはほぼ半減。

死亡率が目立って低下したのは、トウモロコシやラッカセイ、サツマイモなど、痩せた土地でも栽培可能なアメリカ大陸原産作物の普及の賜物で、1700年前後には1億5000万人まで回復する。

しかし、今度は増えた人口が問題化する。

限られた土地では、人口の増加に収穫量が追い付かない。放置しておけば共倒れが避けられず、それを回避するには余剰人口をよそへ送り出すしかない。

移住を余儀なくされた人びとが向かった先は、明末の動乱で人口の9割以上が亡くなったとされる四川や、もともと人口密度の低かった内モンゴルや東北地区だった。1683年以降は台湾や東南アジアへの移住も急増する。

現在の新疆《しんきょう》ウイグル自治区とチベット自治区が清王朝の版図に組み込まれるのは康熙帝《こうきてい》の孫・乾隆帝《けんりゅうてい》（在位1735〜95年）の治世。

総人口は3億人を超え、国内総生産は世界総生産の4分の1にも及んだと推測され、隆盛を極めたのだった。

「理想の国家」建国に抜け落ちていた〝経済〟

◇中国建国の父が目指したもの

貧富の差などなく、みなが安心して働き、暮らせる社会……。かつて、その理想の国を実現しようと戦った者がいた。しかし、そこに「経済」という視点がなかったために、民衆には数々の苦難が押し寄せてくるのだが――。

1949年10月1日、毛沢東を国家主席として、中華人民共和国が建国された。国旗は紅色の地に1つの大きな星と小さな4つの星からなる「五星紅旗《ごせいこうき》」と定められ、紅色は「革命」と「社会主義国」を示し、その上の大星は中国共産党を、小星は「労働者」「農民」「知識階級」「愛国的資本家」から成る国民を象徴していた。

しかし、現実の中国は理想郷とは似ても似つかない状況にあった。

1950年代から60年代の中国は、現在の北朝鮮に近い存在だった。唯一違っていたのは、国外からの眼差しが好意的なものばかりであったこと。豊かでありながら平等な社会、人類が理想としながら実現できずにきた理想郷づくりが完成間近とさえ思われていたのである。

地主から土地を没収して、無産農民や貧農に分け与えるという、かねてのスローガンであった土地改革を全国展開させた。それにより、何が生じたか。

一戸あたりの農地面積は狭く、生産効率の悪い小規模農家が乱立するだけとなってしまった。政府はただちに政策を改め、ソ連の「コルホーズ」(集団農場)や「ソフホーズ」(国営農場)に倣った農業の集団化を進めた。

農業生産が右肩上がりになり始めたところで、中国共産党の指導者にして国家主席でもある毛沢東の肝いりで、1958年、とんでもない運動が開始される。「大躍進」と呼ばれるその運動は、食糧と鉄鋼の大増産を狙ったものだった。

食糧の増産に関する具体策は何も示されず、強調されたのは、もっぱら人民の「やる気」で、その結果、全国の地方幹部が競い合うかのように、食糧の生産量を偽って上級に報告した。これが、事態のさらなる悪化を招く要因となる。

◇大量の餓死者をもたらした人災

鉄鋼の生産には人海戦術が採られた。全国の農民たちにも製鉄に励むよう指示が出されたのである。

これにより数字上の目標は達成されたが、総生産量の30パーセントは質が悪すぎて使い物にならず、「働き損のくたびれもうけ」を地で行く結果となってしまった。

農民に待ち受ける災難はこれだけにとどまらない。本来、食糧を生産するはずの農民たちが製鉄に駆り出されたのだ。それにより田畑はどこも極端な労働力不足に陥った。田植え・種まきの人数も足らなければ、収穫にあたる人数も足りない。そうなれば、極端な食糧不足に見舞われるのは避けられなかった。

農業の集団化に伴い、食事は各家庭ではなく、人民公社という国営組織の公共食堂でとることになっていた。誰でも腹いっぱい食べて構わない決まりは、当初は歓迎された。しかし、公共食堂から必要と迫られては、各農家とも飢饉に備えての備蓄をも供出せざるをえない。全国の農民たちは命綱を失った状態で、絶望的な食糧不足に直面することとなった。

1959年から61年の2年間に限っても、飢餓に起因する死者は2000万から4000万人に及んだと推測されている。

その間も外交戦略の一環として、アジア、アフリカ、ラテンアメリカ諸国に食糧の大量輸出を継続していたことも、死者を増やす一因となった。

現実をなかなか認めようとしなかった毛沢東も、1959年、ついには公の場で自己批判をして、国家主席の座を古参幹部の劉少奇《りゅうしょうき》に譲る。責任を取って身を引いた形である。

劉少奇は鄧小平《とうしょうへい》を片腕と頼み、経済活動を最優先とした軌道修正を行う。調整政策と呼ばれるこれは、すぐさま効果を表わし、わずか数年で食糧生産量を「大躍進」開始前の水準に戻すことに成功した。

競争原理を根付かせ、世界第2位の大国にした鄧小平の総決算

◇経済を再び混乱に落とした「亡霊」とは

中国は、２０１０年、国内総生産（ＧＤＰ）の世界の順位が、アメリカに次ぐ2位に上り詰めた。中国が世界を牽引する国に変貌できたのは、数々の危機を乗り越えたからだった――。

現実を見ようとしない毛沢東にさんざん翻弄された農民たちだが、劉少奇・鄧小平コンビの調整政策により、かつての生気を取り戻した。それにもかかわらず浮かぬ顔の人物が一人いた。当の毛沢東である。自分の理想が汚され、今まで築いてきたすべてが破壊されてしまうのではないかとの不安が彼を苛み、１９６６年にはとうとう、駆り立てられるように権力奪還闘争を開始した。

合法的な手段によらず、無知な大衆を動員しての権力奪還闘争は「文化大革命」と命名された。権力を再び手にした毛沢東は、資本主義の芽を徹底的に排除しようと努める。だが、現実を見れば、それは既存の社会秩序を破壊しただけで、何ら生産的な成果をもたらしはしなかった。

文化大革命による死者は1000万人、経済的損失は5000億元ともいわれており、1976年に毛沢東が死去したそのとき、中国経済は建国当初の水準にまで落ち込み、台湾の100倍近い人口を有しながら、国民総生産（GNP）は台湾の10分の1程度にすぎなかった。

これではいくら理想を叫ぼうが、空しく響くばかりだった。

◇積極的な外交政策

中国は、共産国家建設の理想を共にするソ連と1950年に「中ソ友好同盟相互援助条約」を結び、経済援助、技術援助を受けていたが、1950年代後半からイデオロギー上の対立により溝が深まり、それが国境紛争に発展するに及んだことで、危機感を募らせた毛沢東は敵の敵は味方の論理から、国務総理の周恩来《しゅうおんらい》にアメリカとの極秘交渉をすすめさせた。

ソ連の軍事的脅威に対抗するため、アメリカと手を組む。アメリカとの関係が改善されれば、国際社会への復帰も叶い、国際機関や西側陣営から必要な援助を引き出すことができる。こうした計算のもとに進められた交渉の結果、1972年、アメリカのニクソン大統領の訪中に続き、イギリス、日本、西ドイツ、オーストラリア、ニュージーランドとの国交正常化が実現の運びとなった。

アメリカとの国交正常化がなったのは1979年1月のことで、同年12月には日本政府とのあいだで円借款について合意に達する。円借款とは「政府開発援助」(ODA)の一環で、通常の民間金融機関の融資より低い金利で長期の資金を開発途上国に貸し付ける制度をいう。日本から中国へのODAは2018年まで続けられた。

さらに、中国は1980年には国際通貨基金(IMF)と世界銀行への復帰を果たし、国内では人口圧力の回避策として「一人っ子政策」を本格化させるとともに、従来の人民元に加え、外国人向けの外貨兌換券を発行。二重通貨制度を採用した。

1980年代半ば、農村部では余剰作物の売買を認める生産請負制が広まり、年間収入が一万元以上になった家族「万元戸《まんげんこ》」と称される成金も続出するようになった。

◇そして、世界をリードする国に

一方で、工業部門では「鉄の茶碗」（失業の心配のない終身雇用制）と「大釜の飯」（悪平等の賃金体制）に浸りきり、無気力と無責任が蔓延する国営企業の改革が遅々として進まずにいた。

ここで鄧小平は、社会主義体制のもとでは禁じ手のはずの競争原理を持ち出す。鄧小平は毛沢東に比べれば柔軟な思考の持ち主で、それをよく物語るのが、1962年7月、共産主義青年団を前にした「黄猫でも黒猫でも、ネズミを獲るのが良い猫」という発言であろうか。「物事にとらわれることなく、状況次第で対応し、結果がよければよい」といった意味で、ちなみに日本では「黄猫」が「白猫」に変えられて流布した。

ただ、競争原理を持ち込むにしても、やはり先立つものが必要であり、それは国外に求めるしかない。鄧小平により掲げられた経済発展を目指す「改革開放」は、外資の導入と外資を誘致するに必要な環境整備を意味する言葉だった。

経済の自由化を進めれば、おのずと社会の自由化も進む。政治的な自由を求める声は1989年に起きた天安門事件で抑えるが、鄧小平は同様の運動が再発するのを防止するためにも、中国全体を豊かにしなければとの考えを強め、1992年の春節（旧正月）には88歳の老体に鞭打ち、武漢、深圳《しんせん》、珠海《しゅかい》、上海などを視察し、改革を加速させるよう号令した。外資導入による経済発展を進めるように力説した、いわゆる「南巡講話」を実施したのである。

昨今、深圳は、「中国のシリコンバレー」と言われ、町全体がキャッシュレスはもちろん、無人運転バスが運行し、電気自動車が走る。ある企業の従業員にはボーナスにBMWやベンツが支給されるようだ。

中国が、これまでの「安かろう悪かろう」から、本格的に「世界の工場」の道を歩み出すのは、2008年の北京オリンピック開催が決まった20世紀末頃からで、「富裕層」の出現や「爆買い」という現象が一般化するのは2010年以降のこと。街中の食堂で配給切符が必要とされ、都会では闇の両替商が跋扈《ばっこ》した1980年代半ばに比べると、隔世の感がある。

経済危機を乗り越え、ドイツを大国にした「ある力」とは

◇ドイツが経済危機を引きずらない理由

ドイツは19世紀に2度の経済危機を経験している。

1度目は、1845年と翌々年の凶作に由来するもので「最後の前工業的タイプの経済危機」とも称される。この凶作はヨーロッパ全土に及び、プロイセンに限ってみても、ライ麦の収穫量が例年の43パーセントダウン、小麦のそれも24パーセントダウン、ジャガイモも47パーセントダウンという酷さで、主要食糧品の価格も2倍前後に高騰した。凶作に乗じた投機も横行するなか、2度目の経済危機が訪れる。

1847年末にはロンドンとニューヨーク発の国際的な金融恐慌が押し寄せ、多くの企業が破産や大幅な人員削減を余儀なくされた。これに「発疹《ほっしん》チフス」の流行が

重なるに及んで、商家への襲撃や食糧暴動が各地で頻発。

このような社会不安の高まりが一因となって、翌年にはドイツの主だった都市で「革命運動」が燃え盛るのだった。ヨーロッパ全土でほぼ同時に起きたこの出来事は「１８４８年革命」と呼ばれる。

プロイセンをはじめ、ドイツ諸国はこれを武力鎮圧したが、経済危機は軍隊の力では手の打ちようがない。危機からの脱出に有効だったのは工業化の進展だった。

牽引役を担ったのは石炭・鉄鋼業界で、１８５０～６９年までに、石炭の産出量は３５０万トンから２６３０万トン、銑鉄のそれも22万２０００トンから１４１万５０００トン、鉄鋼は19万６５０００トンから１０６万８０００トンという、いずれもケタ違いの伸びを示した。

これと連動して鉄道網の総延長も20年で2倍の伸びを記録。蒸気機関車の製造量が増えれば、石炭と鉄の増産も必要となり、人間と貨物の大量移動は市場の拡大を促すといった具合に、ドイツに生じた「産業革命」は短期間で経済危機を過去のものとしたのだった。

◇経済危機を乗り越えるヒントは「科学」にあり？

しかし、ドイツ統一から2年後の1873年5月、ウィーンの証券取引所で始まった株価の暴落と金融危機はドイツ経済にも直接の打撃を与え、1847年の悪夢が再現されることとなった。1880年代は反ユダヤ主義が台頭した時期でもあれば、アメリカへの移民が19世紀を通じてピークに達した時期でもあった。

実際に外交と内政で手腕を振るった宰相ビスマルクも決定的な打開策を示すことができず、ドイツ経済の回復はビスマルクの引退後、皇帝ヴィルヘルム2世（在位1888〜1918年）の親政開始まで待たねばならなかった。

これは何もヴィルヘルム2世の手腕やアイデアが功を奏したわけではない。「石油や電力資源の開発」及び「技術革新」などに起因する「高度工業化の進展」と重なっただけで、農業人口が減り続ける一方で、重化学工業に従事する者の数は増加の一途をたどった。銑鉄の生産も1871年の160万トンから1910年には1480万トン、鋼鉄生産にいたっては1900年には740万トンにまで達し、ついにこの分野においてイギリス（同年に600万トン）を追い抜いた。

ドイツ経済が急回復を果たせた要因としては、科学技術が他国より抜きん出ていたことがあげられる。1890年から1910年までの基礎科学の基幹産業におけるる発明は、ドイツの科学者・技術者の手によるものが実に4割弱を占めていた。

シーメンスの創業者一族がそのよい例で、1847年に電信機器の製造と電信ケーブルの敷設工事に始まりながら、みるみる事業を拡大させ、アイルランドとアメリカを結ぶ海底ケーブルを敷設してからというもの、電信線や海底電線など弱電部門でヨーロッパにおける独占的な地位を確立させた。

自動車産業におけるゴットリープ・ダイムラーとカール・ベンツの存在も見落としてはならない。1885年に世界初のオートバイ、その翌年には四輪ガソリン自動車を完成させ、1890年に「ダイムラー自動車会社」を設立したダイムラー。ガソリン内燃機関搭載の自動車を最初に完成させ、1899年には競走用車の最初のシリーズをつくったベンツ。両名による開発競争は自動車の歴史そのものと呼んでも過言ではない。

「天文学的な賠償金」地獄の脱却が奇跡としか言えないワケ

◇第一次世界大戦で、ドイツが負った痛手

１９１８年に終息した「第一次世界大戦」に敗れたドイツは、「海外植民地のすべてと陸続きの領土の13パーセントを失い」「陸海軍の規模を大幅に制限」された上、「総額１３２０億金マルクという巨額の賠償金」を課せられた。当時のドイツの国家予算の20年分ともいえる金額で、この数字は天文学的なものと言ってよかった。

経済の低迷は１９１９年にいったん底を打ち、１９２２年の工業生産は戦前の７割にまで回復。失業率は１割前後と、完全雇用に近い状態になっていたが、それはほんの一面にすぎず、一皮剥いてみれば、急速なインフレが進行した。

１９１８年11月の休戦協定締結時、大戦前の２倍程度だった対ドル交換レートが、１９１９年末には10倍以上、１９２１年末には44倍、１９２２年の夏は４００倍、

秋には1000倍を超えるまでになった。
ドイツの通貨マルクの価値の急速な下落は物価の高騰に直結し、給与生活者の実質賃金を30～50パーセントも減少させた。

1923年、フランス・ベルギー連合軍によるルール工業地帯の占領が実施されると、石炭の海外からの輸入や追放された公務員の給与、ルール自治体への援助・企業支援金などのために莫大な支出を余儀なくされた。
政府はその費用を賄うため、財政的な裏付けのない紙幣を乱発する。これに伴い、1923年5月に1ドル＝1万5000マルクだった対ドル交換比率が10月頭には2億4000万マルク、11月半ばには4兆2000億マルクにまで下落。鞄に入りきらないほどの札束があっても、パンひとつ買えないハイパーインフレの到来である。自治体や企業では、外貨建てや食糧・皮革などの現物支給に切り替えるところが多く現われ、マルクは通貨としての機能を喪失した。

アメリカの仲介による賠償金の減額、およびアメリカなどからの外資の導入の甲斐あって、1928年には工業生産がようやく戦前の水準に戻るが、アメリカの躍進やその他の国々での工業化の進展もあり、もはや世界市場におけるシェア回復は事実上不可能だった。

それでも経済破綻を回避できたのは、外資の流入を絶やさぬよう、高金利政策を継続したからで、金利は国際水準の2倍に及んでいた。

まがりなりにもドイツ経済が立ち直りかけたときに起きたのが、1929年10月25日の「暗黒の木曜日」だった。アメリカ・ニューヨーク発の大恐慌が「世界恐慌」に転ずるのは避けられず、1931年にはオーストリア最大の銀行「クレディート・アンシュタルト」が倒産した。

不安を覚えた海外投資家がドイツから資本の引き上げを始めたことをきっかけに、世界恐慌の波はドイツにも本格的に波及し始める。ドイツ紡績業大手の北ドイツ羊毛会社の倒産に続き、その主力銀行で、ドイツ四大銀行のひとつでもあったダナート銀行が破産。ドレスナー銀行など他の有力銀行もいつ倒れてもおかしくない状況となった。

企業の倒産、人員整理が相次ぎ、1929年には8・5パーセントだった失業率が翌年には14パーセント、1931年には21・9パーセント、その翌年には29・9パーセントに達した。人数にして560万人である。

◇疑問がつきまとう復興

成人の3人に1人が失業者という状況下、国政選挙では左右の両極が躍進した。極右の諸政党と共産党だが、一連の政争で最終的に勝利を収めたのはアドルフ・ヒトラー率いるナチ党で、共産党を非合法化し、国会を解散させたナチ党は「国際連盟とジュネーヴ軍縮会議からの脱退」「再軍備」「ユダヤ人の追放」など、国際的緊張を高める施策を矢継ぎ早に実行していく。

さらに、ナチ党独裁政権のもとでドイツは立ち直り、奇跡的にも完全雇用を実現させた。当時から言われていた言説だが、近年の研究ではその内実に多くの疑問が出されている。

最大で560万人を数えた失業者はいったいどこで職を得たのか。ユダヤ人や社会主義者の追放で生じた穴を埋めたことは確かだろうが、それだけでは帳尻が合わない。高速道路「アウトバーン」建設に代表される公共事業も宣伝ほど大きな受け皿とはならなかった。

食料自給率が低いこともあって輸入は増えているが、輸出は増えていない。企業に対する雇用の強制、在庫の積み増し、機械使用の最小限への抑制、自動車工場における無償労働などは当事者の証言もあれば記録にも残されているはず。

ただし、一人あたりの労働時間を短縮させて雇用を増やす「ワークシェアリング」の先駆けのような試みがなされていたようである。

様々な手段を駆使したことは事実のようだが、就労者の誰もがフルで働き、経済復興の実感を覚えられるようになるのは、実際には再軍備の後、軍需産業が再稼働してからのことだった。

「ベルリンの壁崩壊」でも壊せない経済の壁

◇2つに分けられたドイツのそれぞれの行く先

１９４５年に終結した「第二次世界大戦」では、ドイツ全土の都市が瓦礫の山と化した。

連合軍の占領下で戦後のあり方を自分たちの意志で決めることもならず、結局のところ、ソ連軍占領地区はドイツ民主共和国（東ドイツ）、米英仏軍占領地区はドイツ連邦共和国（西ドイツ）と、東西に二分されることとなった。

西ドイツの復興は、「マーシャル・プラン」に代表されるアメリカの潤沢な援助により順調な滑り出しを見せる。１９６６年に最初の不況を経験するまでは年平均６・３パーセントの経済成長を記録。農業人口は１９５０年以降の四半世紀で23パーセントから3パーセントに減少するが、この減少分の大半は工業部門へと流れ、農業社会から工業社会への完全なる転換が進捗した。

工業のなかでも、19世紀以来の石炭、鉄鋼、製鉄から化学、機械、エレクトロニクス、自動車への移行が無理なく図られ、1970年には工業に従事する人の割合が全就労者の49パーセントを占めるまでになる。

一方、社会主義陣営の一員とされた東ドイツは「コメコン」（経済相互援助会議）という国際機構の仕分けにおいて工業を割り当てられる。19世紀以来の基礎があるから、その分野はお手のもの。順調な回復を遂げはしたが、工業就労者の占める割合が1950年の44パーセントから1980年の51・5パーセントという微増に留まり、経済成長が頭打ちしているのは明らかだった。

停滞の原因は社会主義体制についてまわる非効率や思想最優先の人事、上意下達のシステムなどに求められる。

素人のリーダーが何の根拠もなしに命令を下す。なかでも重工業地帯を建設するにあたり、資源の分布を無視したのは致命的だった。短期的には目立たないかもしれないが、時間が経てば誰の目にも失敗が明らかとなる。だが、思想的に優秀と認められた者や政権中枢にコネのある人間の罪を問うことはできなければ、その判断に誤りがあったと指摘することもできない。その結果、何も解決しないまま、いたずらに時間だけが過ぎていくのだった。

東ドイツの住民が慢性的なモノ不足を強いられたのとは対照的に、西ドイツでは２度の「石油危機」に脅かされながらも、「ＥＣへの加盟」や「規制緩和」「州の権限強化」などで乗り切り、１９８０年代には第二次産業から第三次産業を主流とする社会への転換を始めた。

労働時間の短縮と自動車の普及により、休暇の長期化や海外旅行の習慣が根付くようになる。

◇ベルリンの壁が崩壊したら、経済格差はどうなるか

西ドイツの首都が作曲家ベートーベンの故郷でもあるボンであったのに対し、東ドイツの首都はベルリンで、ベルリン市内には西ドイツの飛び領地もあり、長い壁と有刺鉄線により遮られていた。１９６１年に築かれたこれを「ベルリンの壁」と

◆東西ドイツの時代

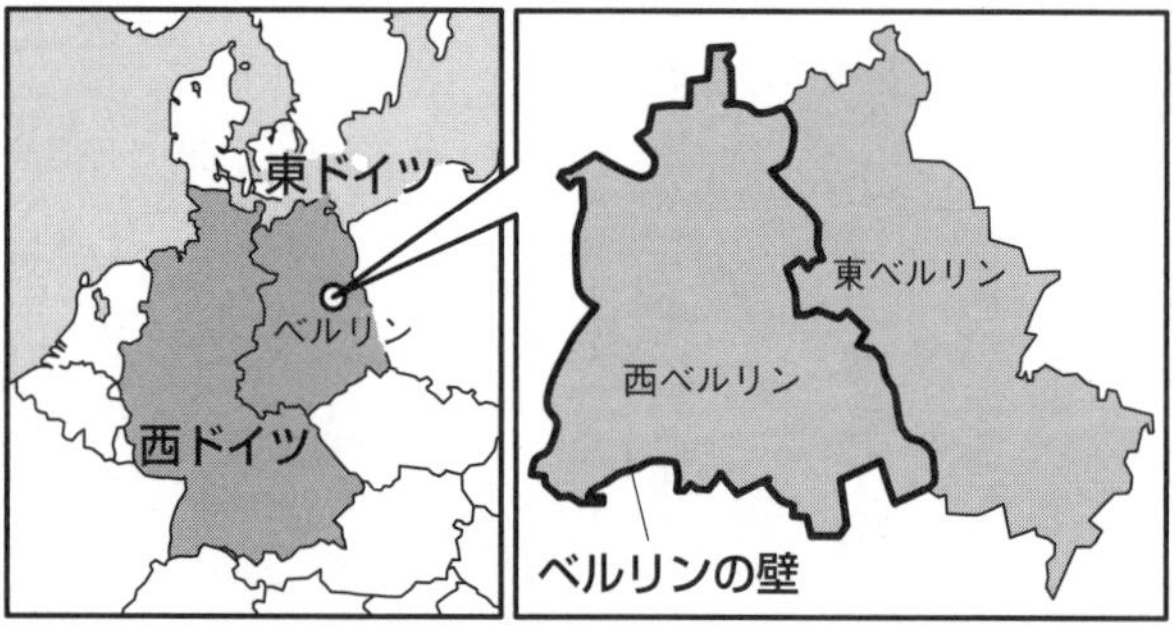

言う。

この壁が開放され、東西の往来が自由化されたのは1989年11月のことで、ドイツ統一という名のもと、西ドイツが東ドイツを吸収合併したのは1990年10月3日のこと。世界の大方は、そんなに早く事が進展するとは思っていなかった。意識の転換に時間が必要なことに加え、東西の経済格差が開きすぎていたからである。

事実、通貨統合の話し合いの席で、一人当たりの預金2000東ドイツマルクまでは1対1で交換するが、それ以外は1対2という内容が外に漏れると、東ドイツ市民はいっせいに抗議活動を起こした。

再度の協議の結果、賃金・年金は1対1、

預金４０００東ドイツマルクまでは1対1、その他は1対2と決まるが、新生ドイツとしては、何とも幸先の悪い門出となった。

ドイツ統一から30年、経済格差の完全解消にはいまだに至らず、旧東ドイツ領では怒りの矛先がＥＵと移民に向けられ、極右の台頭という不穏な空気が生じている。

だが、ＥＵの成立と通貨統合がドイツにもたらしたものは不利益より利益のほうが断然多い。リーダーシップはドイツとフランスの二人三脚だが、経済的にもっとも潤っているのは、何といっても品質で他を凌駕するドイツなのだから。

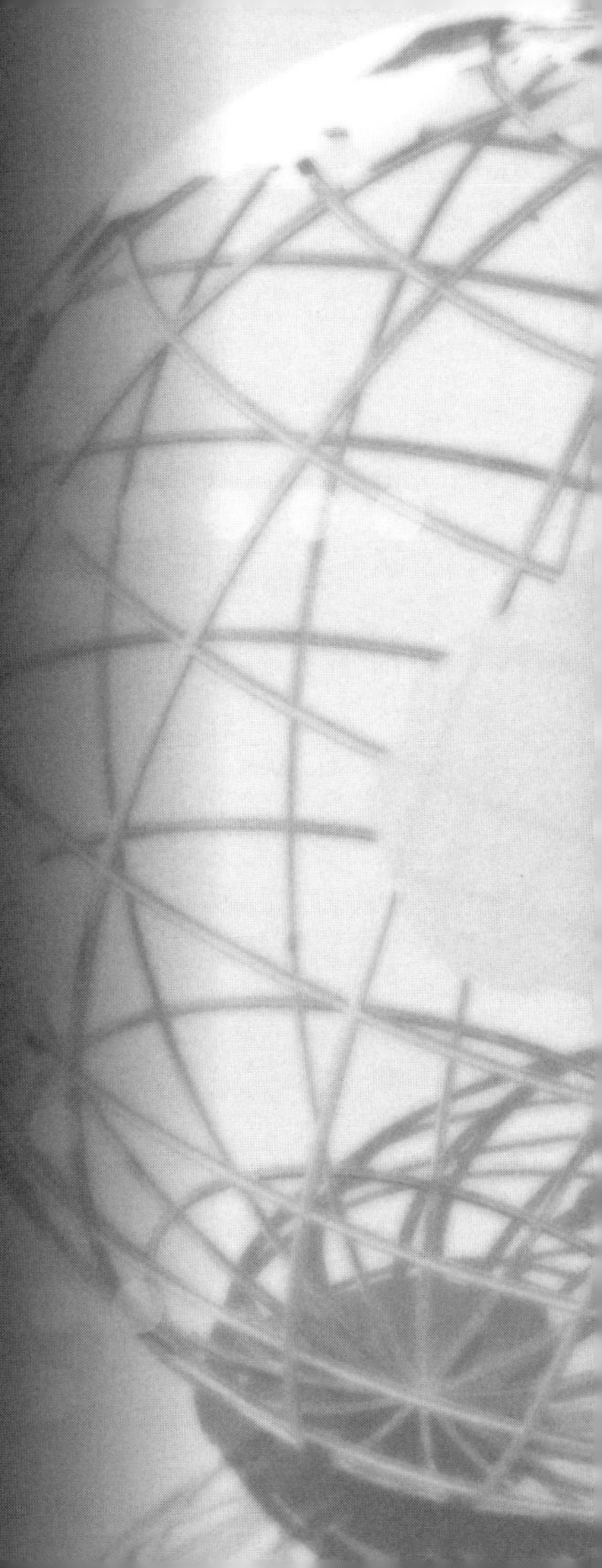

第3章

「奇跡の逆転劇」の裏に何があったか

～朝鮮・アイルランド・インド・台湾～

「好況の北朝鮮」と「不況の韓国」が、その後の運命を決めた

◇分断された朝鮮半島の経済格差

1945年に第二次世界大戦が終結した後、ドイツが東西に分断されたように朝鮮半島も南北に分断され、アメリカ軍占領地区は大韓民国（韓国）、ソ連軍占領地区は朝鮮民主主義人民共和国（北朝鮮）となった。

アメリカの支援を受けた韓国のほうが経済面で優位に立てそうだが、初代大統領となった李承晩《りしょうばん》（イ・スンマン）による反対勢力の徹底弾圧により、政治だけでなく社会や経済も混乱を極め、建国後しばらくは、「農業の集団化」や「計画経済」を推進する北朝鮮のほうが経済的にも優っていた。

アメリカからの援助なくしてはいつ倒壊してもおかしくない状態。そこからの脱

却を試みたのは、軍人朴正煕（パク・チョンヒ）だった。

1961年の「五・一六クーデター」で政権を握ったパク・チョンヒは1963年から暗殺された1979年まで大統領の職にあり、強権支配のもと経済再建を推し進めた。目指すところは工業化、それも輸出志向の工業だった。

当時にあって、最初から国際市場を目指すというのは、極めて冒険的な行いだったが、南北が統一されていればまだしも、国内市場だけを相手にしていたのでは大した成長が期待できない。

将来を見据えれば、初期費用がどれだけ増えようとも、目標を高く設定すべきというのが、パク・チョンヒの考えだった。

◇パク・チョンヒが奇跡の足掛かりにした日本

とはいえ、先立つものを調達するのも容易ではない。アメリカからの援助や借款だけでは足りないので、パク・チョンヒは歴代政権が避けてきた日本に目を向けた。

満州国軍士官学校予科を首席で卒業、高木正雄（のちに高木実と改名）の名で日本陸軍士官学校も卒業した彼には日本人と懇意にすることへの抵抗はなく、それなりの人脈も有していた。

国内に反対の声は強かったが、韓国の経済再建を最優先に考えるパク・チョンヒは意に介さず、1965年6月に「日韓基本条約」を結び、国交正常化を強行。その見返りとして、無償経済協力3億ドルと政府借款2億ドル、商業借款3億ドルを引き出すことに成功した。


これら日米からの借款やベトナム戦争特需で得た利益をもとに、パク・チョンヒは1967年から「第二次経済開発5カ年計画」を実行に移し、まずは繊維や雑貨など、労働集約的な軽工業で成功を収めた。

少し遅れて社会資本や基幹産業の整備も着手され、都市と都市を結ぶ高速道路の建設と同時に、総合製鉄所の建設も開始された。

1972年に開始された「第三次経済開発5カ年計画」では「農漁村経済の革新的開発」「輸出の増大」と並んで、いよいよ「重化学工業の建設」が重大目標に掲げられた。

石油危機や国内物価の上昇といった逆風に晒されながら、1977年には輸出100億ドルの目標を達成。建国後初めて国際経常収支の黒字化にも成功した。1978年にはOECDから新興工業国のひとつとして認められるまでになるが「サムスン」や「ヒュンダイ」「ラッキークムソン」(現在のLG)「デウ」といった財閥が台頭した一方で、利益の配分が下請けまでには十分にまわらず、格差社会が生じることとなった。

ともあれ、韓国が「漢江《ハンガン》の奇跡」と称される飛躍的な経済成長を遂げたことは間違いなく、同時期の北朝鮮がソ連からも中国からも援助を受けられず、本格的な工業化への転換に失敗したのとは対照的だった。

破産寸前だった⁉ ソウル五輪のその後

◇知る人ぞ知る、韓国最大の経済危機

２０１８年に製作された韓国映画『国家が破産する日』は史実を題材とし、１９９７年11月に韓国を襲った通貨危機の裏側が詳細に描かれている。その9年前にソウルで開催された夏季オリンピックの記憶がまだ新しかっただけに、よほどの経済通、韓国通でない限り、寝耳に水というのが当時の感覚だった。

韓国は、国家破産の憂き目に黙さず、構造改革にとりかかり、その難を乗り越えるが、生活は決して楽なものにならなかった――。

１９７９年のパク・チョンヒ暗殺から間もなく「漢江の奇跡」は終わりを告げ、１９８０年代前半の韓国経済は安全保障がらみで日本から供与された40億ドルの借

款などで、ぎりぎりしのぐ有様だったが、ソウル・オリンピック前夜に始まる「ウォン安」「原油安」「国際金利安」の「三低景気」に救われ、大きく息を吹き返した。1990年の平均賃金は10年前の6倍以上に達し、累積債務に苦しんでいた状況から一転、外貨保有国の仲間入りを果たす。

1995年には国民所得が1万ドル台にのぼり、その翌年には悲願のOECD（経済開発機構）に加盟を果たすなど、万事快調かと思われたが、1997年に入ってすぐ、深刻な「金融危機」が発生。

企業倒産が相次ぐなか、大手財閥の問題が明らかになり、膨大な不良債権を抱える銀行への信用不安からウォンの下落が始まる。政府は何とか買い支えようとするが、外貨での支払いが不可能になるに及び、IMF（国際通貨基金）に対して融資を要請したのだった。事実上の国家破産に他ならない。

IMFは通貨危機にまつわる支援としては過去最大の583億ドルにのぼる融資を約束するが、新たな「金融監督機構の設置」や「財閥の改革」「金融の自由化」「レイオフ（整理解雇制）の導入」などからなる構造改革の実施を条件としていた。

これらの条件のうち、レイオフの導入は労働組合の激しい反発にあって実現できず、財閥の改革も中途半端に終わったが、他はおおむね忠実に実行された。

金融機関の統廃合と不良債権の処理が実施されたことで、銀行・証券会社への信用は回復。外国人の投資制限が完全撤廃されるなど、金融の自由化も進められたことで、外資の流入が盛んとなり、韓国経済は復活を遂げる。

ただし、一連の改革では弊害も生じた。労働市場の柔軟化が所得格差の拡大と貧困層の増大をもたらし、ホームレスの急増やビニールハウス、コンテナー、テントなどに住む極貧家族を増やすことになった。

◇揺れる韓国の光明とは

その後、経済成長率は微増ながら、雇用率は微減の状況が続くが、これは非正規雇用の増加を意味していた。政府統計でも、2008年には20代の賃金労働者367万人のうち53パーセントが非正規雇用だった。

非正規雇用者の総数は、2003年の783万人から2006年には845万人に増加。全就業者の31・5パーセントを占める自営業主732万人のうち400万人の月平均収入が100万ウォン（2020年9月現在の日本円で約8万9000円）以下という状況は熟年世代よりも若年層に厳しく、彼らの多くが2007年12月の大統領選挙で李明博（イ・ミョンパク）に投票したのは、財界出身という経歴に期待しての選択だったが、イ・ミョンパクの経済政策はことごとく裏目に出る。

若年層が失望感に捉われているのを横目に、次の大統領選挙では50代の有権者が活気づく。「漢江の奇跡」を実体験として知る彼らのあいだでは、パク・チョンヒの再評価や郷愁の念が高まり、多大な期待を寄せられたのがパク・チョンヒの愛娘朴槿恵（パク・クネ）だった。そのパク・クネが何もなしえなかったことは改めて言うまでもあるまい。

だが、韓国経済にも光明がないわけではなく、映画やドラマ、音楽などエンタメ分野は好調なので、長らく香港が保持していた位置に取って代わる日が遠からず来るかもしれない。

「お荷物」から「ケルティック・タイガー」と呼ばれるまでの道のり

◇100万人以上が死亡した飢饉とは

ヨーロッパの北西の隅に位置するアイルランド共和国は人口約500万人。イギリス領北アイルランドの人口が約200万人だから、アイルランド全島の人口は約700万人となる。面積は7万㎢だから、北海道の8割強で、人口は北海道が約500万人ほどである。

同島の人口は160年前に820万人を数えており、現在の数字はいったん450万人にまで減った人口が持ち直した結果である。これほどの人口減をもたらした原因は「貧困」と「ジャガイモ」にあった。

アイルランドの土壌はイギリス本土以上に痩せており、下層の人びとはジャガイモを主食としていた。ジャガイモは栄養価が非常に高いので、それだけ食べても生きてはいける。その依存度の高さが裏目に出た。

アイルランでジャガイモの立枯病が最初に確認されたのは1845年9月のこと。収穫は絶望的。これを「ジャガイモ飢饉」という。

立枯病はイギリス本土やヨーロッパ大陸でも報告されていたが、他の作物には被害が及ばなかったため、飢饉の発生には至らなかった。だが、アイルランドは違う。例年はジャガイモを自給自足していた農民たちも市場でジャガイモを購入するほかなく、1846年にはジャガイモの価格が前年の4倍にも高騰する。

当時のアイルランドは全島がイギリス領。国家が市場に介入することを否定する自由放任主義の考え方が支配的だったことから、イギリス政府の対応も非常にお粗末で、飢餓の蔓延を放置することとなった。

栄養が足りない状態では感染症に対する抵抗力も衰え、アイルランドではわずか数年で100万人以上が病死、同じく100万人以上が海外移住を選ぶことになった。そのため1851年には人口が680万人にまで減り、その後も海外、とりわけアメリカに移住する流れは止まらなかった。

今では、アメリカに住むアイルランド系の人口は4000万人以上にのぼり、ジョン・F・ケネディ、ロナルド・レーガン、ビル・クリントン、バラク・オバマなども、その子孫にあたる。

◇急成長を遂げた、かつての「ヨーロッパのお荷物」

時代は移り、1920年頃、イギリスからの独立運動が激化するが、アイルランド経済の低迷はイギリスからの独立後も変わらず、西ヨーロッパのお荷物のごとく見られていたが、1980年代後半に入ってようやく状況が変わる。

「労使紛争を事前に解決する社会協議会制度の導入」「高等教育の無償化」「外国からの直接投資の促進」など、政府主導の経済発展策が功を奏し、急成長を始めたのである。その躍進の様子は、同時期のシンガポール、香港、台湾、韓国が「東アジアの虎」と称されたことになぞらえ、「ケルティック・タイガー」と呼ばれた。

外資の誘致には、法人税を低く抑えるだけではなく、工場敷地や建設についても優遇措置が取られ、労働者育成の費用も補助するなど、至れり尽くせりの政策が推進された。アップル、インテル、グーグル、フェイスブックなど、アメリカのシリコンバレーの企業がこぞって、アイルランドに事務所を置いている。

英語が日常語と化していたことも幸いして、コールセンターをはじめ、外資の進出が本格化するに及び、アイルランドはお荷物どころか、西ヨーロッパでもっとも活力ある国に変貌を遂げたのだった。

ヨーロッパ統一通貨ユーロの導入は不動産バブルを生み、2008年のリーマン・ショックのあおりで、バブルの崩壊に加えて危機的な経済危機にも見舞われるが、イノベーションを軸にした経済再生の取り組みが上手く進み、2013年には13・8パーセントだった失業率が2019年には5パーセントにまで低下した。

2016年から「1人あたり」「時間あたり」ともGDP（労働生産性）が世界で1位を保持している。かつて、ジャガイモ飢饉で世界中に移住したアイルランド人の子孫は、経済的に安定したアイルランドに帰還をしているという。

地の利・人の利を持つインドは中国を抜くダークホースとなるか

◇地政学的に有利ながら、経済大国になれないインド

人口大国世界一の座がまもなく中国からインドに移ろうとしている。国土面積も世界第7位を誇り、東西南の三方でインド洋に面し、世界との海洋貿易を可能とする地理的要因をもあわせもつ。「人口」「流通」とも、環境的には、経済大国になりうる可能性を秘め、ポスト中国の最有力候補と目されている。

しかし、ほんの30年前まで、インド経済に注目する財界人はほとんどいない状況だった。核兵器を保有しながら国民の半数が飢餓線上にあり、貧富の差がとてつもない貧困大国というイメージがすっかり定着していたからである。

そのイメージはあながち的外れではなく、歴代政権が外資の導入を極端に嫌い、保護貿易主義を貫いていたことに加え、国際市場で勝負できる産品はなく、技術開発の面でも大きく遅れを取っていた。

歴代政権がここまで頑なな姿勢でいられたのは、世界に散らばるインド系移民や出稼ぎ労働者からの外貨送金で最低限必要な額は確保できたからだった。

しかし、1990年の「湾岸危機」、翌年1月に「湾岸戦争」が起こり、それが途絶えるに及んでは、政策を根本的に改めるしかなくなった。

人は、危機に遭ってはじめて、既定路線を省みる。国難となれば、インドも外資への姿勢を改めなければならなかった。

◇インドは、危機に何を変えたか

かくして1991年より、インドは外資に対する「規制の緩和」「貿易の自由化」「ルピーの変動相場制への移行」「国営企業の民営化」など、経済開放へと舵を切った。

人件費の安さから外資の注目は製造業に集まったが、設備投資や品質の問題があって、この分野が伸びてくるまでには少々時間を要した。

それに代わるかのように、当初から成果を収めていたのが「IT関連事業」と「医療産業」、それも「製薬業界」だった。

インド政府がIT関連事業に目を向けたのは、多額の設備投資を必要としなかったからで、さらにもともと行われていた教育がそれを手伝った。

英語が準公用語の扱いで、初等教育で2ケタの掛け算や暗記に力を入れてきたことも幸いしたのだった。英語でのやりとりができるから、カスタマーズ・センター電話の代行業務なども苦ではなく、暗記力に優れているから、いちいちメモに立ち返る必要がなく、即決の処理で仕事をこなすことができる。

さらにインドとアメリカ間の時差も有利に働いた。アメリカが夜間に当たる時間帯、インドは日中だから、うまくバトンを渡せられれば、24時間休むことなくソフトウェアの製作を交代・継続して、他社を追い抜くことができる。日進月歩の分野なので、一分一秒の時間は数億ドルの利益につながる。迅速かつ効率的なソフトウェア開発は、間違いなく大きく魅力となっていた。

製薬業界の中心は「ジェネリック製品」（後発薬）の製造にあった。インドの特許法では、特許の対象を製品そのものではなく、製造過程と規定していたことから、製造過程を少し変えるだけで、合法的なジェネリック製品を作り出すことができた。2005年に特許法が改正されるまでは、IT関連事業と肩を並べる稼ぎ頭だった。

出遅れた感のある製造業も、21世紀に入る頃には海外市場で勝負できるまでに成長した。「BRICs」の名が初めて世に登場したのは2003年のことだが、その頃のインドの経済成長は確かに、飛ぶ鳥を落とす勢いを示していた。

2008年のリーマン・ショックの前後から失速が目立ってはいるが、若年層の多い「人口ボーナス」のある大国だけに、遠からず復活を遂げるに違いない。中国に比べるとインフラ整備の遅れが大きいが、外資の進出がさらに増えれば、それも早急に解決されよう。

38年間の最長の戒厳令下で、なぜ「台湾の奇跡」を起こせたか

◇清、日本、そして国民政府のあおりを受ける

国土が九州ほどの面積でありながら、2018年、国内総生産（GDP）が世界で21位（IMF）の経済力をもち、人口密度は世界2位（都市国家や地域を除く）の国、それが台湾である。

2020年に世界的流行を見せた新型コロナウイルスによる感染症において、デジタル担当相の唐鳳（オードリー・タン）の指揮のもと実施されたその対処は実に鮮やかで、世界から称賛された。

政治、経済とも順調に推移しているように見える台湾だが、その歴史は決して順風満帆なものではなく、大国の呪縛下にあったのだった。抜け出せた理由のひとつ

に、日本の占領下時代の「ある遺産」があった。本項は台湾の奇跡をたどる。

１８９５年、日清戦争の講和交渉「下関条約」から始まる。台湾割譲が締結されたその条約で、台湾は日本の植民地と化す。当初は日本に対して激しく抵抗するが、10年、20年と時間が経つにつれ、アジアで唯一近代化に成功した日本の文化や技術が浸透し、台湾でも近代化が始まり、日本との同化が徐々に広がった。コーヒーショップやダンスホールなど、大正デモクラシーの影響を受ける一方で、日本語教育が進み、日本語で読み書きできる人が増えたのだった。

中国より日本色の濃くなったなか、台湾にまた苦難が降り注ぐ。

１９４５年、第二次世界大戦の終結に伴い、日本の植民地と占領地は、すべて戦勝国に接収されることとなり、台湾は日本の植民地から解放され、日本人は引き上げざるを得なくなった。同時に、台湾は次に、蒋介石《しょうかいせき》を指導者とする国民政府の支配下に置かれることとなった。

台湾行政長官としてやってきたのは軍人で政治家の陳儀《ちんぎ》だった。陳儀は日本の官営・公営・民営企業すべてを公営企業として接収し、その70パーセント以上の産業を行政長官の統制下に置く。

それまでの経営者、管理者は経営・管理から徹底排除され、人選はすべて身内びいきの「ネポティズム」(縁故主義)によりなされたが、素人がいきなり経営者や工場主になっては上手くいくはずがなく、多くの工場・企業が操業できず、生産の停滞は深刻な失業問題を誘発した。

この統治に対し、先住の人間は不満が募るばかりで、いつ、何が起こっても不思議ではない状態であったが、ある事件をきっかけに、その不満が爆発する。

◇台湾は最長の「戒厳令」下に

物価の上昇と爆発的なインフレーションが続く1947年2月27日、台北市で闇タバコの取り締まりに当たっていた軍警が女性に暴力を振るったことがきっかけで、群衆の不満が爆発。衝突が起こり、軍警が威嚇射撃で放った銃弾で、1人が死亡する事件が起きた。翌28日には抗議のストライキとデモが起こり、そのまた次の日には抗議活動が全島に波及する。

陳儀は、蔣介石に援軍の派遣を求め、９日には「戒厳令」を布告。これが、向こう38年間も続くことになる。

あわせて「清郷」（農村の徹底した粛清）も実施される。現場責任者の警備総司令部参謀長が「99人を誤って殺しても、１人を見逃してはならない」と檄を飛ばしたこともあって、この間に死亡・失踪した者の総数は１万８０００から２万８０００人にも及んだ。これを二・二八事件といい、真相は闇のなかに葬り去られ、今なお、台湾人の心に深く刻み込まれている。

蔣介石は〝ムチ〟を振るうだけではまずいと思ったか、同年４月には行政長官公署を省政府に改組した上、陳儀に代えて、フランス留学経験があり、法学博士の学位を持つ魏道明《ぎどうめい》を主席に就かせた。

中国本土は内戦のただなかで、台湾を援助するどころではない。さらに、共産党との内戦に敗れた蔣介石は、中国国民党と国民政府及び軍人たちを引き連れ、台湾に逃れてきた。それぞれの家族も同伴だから、大変な人数である。

先住の人間が「本省人」と呼ばれるのに対し、このとき大陸から逃れてきた人びとは「外省人」と呼ばれ、分け隔てられた。外省人は特定の地域ではなく、全国各地からの雑多な寄せ集めだった。

統治もままならず、経済も不安定。腐敗がひどすぎるとして、アメリカから見放された国民政府だったが、1950年の朝鮮戦争により、事態は好転する。

アメリカは、台湾を反共産主義の砦と位置づけ、蒋介石に対する大規模な軍事援助と経済援助を再開したのである。

これを機に、国民政府は社会経済の安定化に着手する。悪性インフレの続く大陸経済とつながりを遮断するとともに、経済援助の資金を元にデノミネーション（貨幣の呼称の変更）を断行した。

高金利政策や金・外貨の持ち出し禁止などの措置を矢継ぎ早に打ち出すことで、社会経済の安定化に成功した。

◇台湾の経済復興の要因とは？

アメリカからの継続的な援助が活かされ、台湾では1953年から10年間で農業生産が年平均４・４パーセント、工業生産も同じく11・６パーセントの伸びを記録した。援助の再開からたったの3年で、なぜ、ここまで伸びたのだろうか。

その理由のひとつとして教育があげられる。台湾は日本植民地時代に識字率が限りなく１００パーセント近くまでに上がり、識字率の向上が教育水準全般の向上につながった。教育水準が上がれば生産性も上昇し、経済も成長につながったのだった。

アメリカからの公的援助が減った１９６０年代以降は外資の導入を積極的に進めた。

ＧＮＰは１９６４年～７３年までが年平均11・１パーセント、１９７４～７９年までも年平均８・４パーセントの成長を記録。１人当たりのＧＮＰも１９６０年には１４４ドルだったのが、１９８０年には２２９３ドルにまで上昇していた。

この20年で台湾は農業社会から工業社会へと変貌を遂げた。それでいながら、第一次石油危機直後を例外として、物価はおおむね安定しており、インフレも回避され、極端な貧富の格差も生じなかった。

戒厳令が布かれたまま（解除は1987年）で、労働争議をはじめ、あらゆる異議申し立てが禁止の特殊状況下ではあるが、それにしても驚異的な高度経済成長であることに変わりなかった。

米中の国交が正常化されると、「一つの中国」の原則のもと、台湾は多くの国々との国交を失い、あらゆる国際機関からもはじき出される。しかし、そんな中国の圧力にもかかわらず、民間の経済交流が維持されたことから、致命的な打撃とはならなかった。

台湾経済を支えるものとしては、観光業も盛んだが、半世紀前の日本人観光客は売春目的が大半を占めていた。ドル箱ではありながら、名誉なことではない。何とか訪台客の層と台湾に対する外からのイメージを変えたい。

そこで台湾観光協会の東京代表が日本航空の子会社、日本アジア航空に相談を持ち掛けたところ、提案されたのが、熟年夫婦をターゲットとしたフルムーン旅行だった。これが思いの他、人気を博し、台湾の旅は「美食」「温泉」「ノスタルジック」を3本柱とするものへと変じ、現在に至るのだった。

第4章

「グレーな改革」のその後の軌跡とは

～日本・フランス～

17世紀の全般的危機を救った「マニュファクチュア制」とは

1618～48年の宗教戦争である「三十年戦争」に参戦したが、戦況が泥沼の様相を呈する。さらに、感染症の流行や飢饉が度重なり、フランスも他の周辺諸国や地域と同じく、「17世紀の全般的危機」に突入した。

1640～64年の人口減少率は15～20パーセントに及び、穀物と毛織物生産の減少はそれ以上だった。リヨンが絹織物工業都市に生まれ変わり、飛躍的成長を遂げたのを唯一の例外として、フランス経済に明るい材料は見られなかった。

この未曾有の経済危機を乗り越えるためには、産業をつくり、外貨を増やしたい。本項はそのために、動いた「ある男」をたどる。

この悪い流れを変えたのは1661年に財務総監となったコルベールで、彼が推進した強力な「重商主義政策」は「コルベルティスム」と総称される。

貿易収支を改善させるには輸入を減らし、輸出を増やせばよいわけだが、そのためには国産品の品質向上が不可欠で、コルベールが導入した特権「マニュファクチュア制」はまさしくそれを意図していた。マニュファクチュアは工場制手工業と訳される。作業の分担により生産性を高めるシステムで、同じ職人が最初から最後まで手掛けるより、完成までの時間に雲泥の差がある。生産性が高まれば単価も下げられるから、市場で優位に立てるのは確実だった。

すべての産業までは手も予算もまわせないので、コルベールは、輸出向けの高級織物の製造などを優先させ「財政的優遇」「資金援助」「市場の独占権」などの特権を与えたマニュファクチュア企業を次々に設立させた。

コルベールはさらに、植民地との貿易にも目を向ける。オランダ商人の一人舞台に近かったその分野から、オランダ商人はもとより、すべての外国商人を排除することで、中継貿易の利益もフランスに回帰させるようにしたのである。

これら一連の改革に対する評価は大きく分かれているが、国内産業の振興に寄与したことは間違いなかった。

経済不安に忍び寄る、革命の足音

◇潤った経済を危機に陥れた「ある王」

コルベルティスムの蒔いた種の成果であろう。長らく低迷していたフランス経済は1730年頃を境に好転した。1715から89年のあいだにヨーロッパ諸国との貿易総額は4倍、植民地とのそれは10倍と飛躍的に増大し、農村でも牧草や根菜類栽培の導入に伴い、農業の新方式が普及したことで生産性が向上した。

人口も、16世紀半ばから18世紀初頭までは1800万人から2000万人のあいだを推移していたのが、18世紀半ばに2500万人、18世紀末には2800万人にまで増加した。

ただし、農業生産の向上は貿易額の増大に比べれば地味で、人口の85パーセントが農畜産業に従事していながら、作物の育ち具合や収穫量が天候に大きく左右されることに変わりなかった。

だが、それ以上に問題なのは国家財政だった。

「朕は国家なり」のセリフで知られる絶対王政全盛期の王、ルイ14世（在位１６４３〜１７１５年）が、ヴェルサイユ宮殿の建造に大金を投じながら、戦争に明け暮れていたせいで、彼の治世末期には歳入が６９００万リーブルなのにもかかわらず、負債が34億６０００万リーブルに達するなど、すでに財政に大きな綻びが生じていた。

アメリカ独立戦争への介入で、負債がさらに膨れあがる。ルイ16世治世の１７８８年には負債利子だけで3億１８００万リーブルにも及び、その金額は歳出の50パーセントにも相当した。

◇経済危機下の庶民の暮らし

同じ時期、国庫がどうなろうと無関係なはずの庶民も困っていた。１７７４年に穀物・小麦取引の自由化が行なわれて以降、小麦の価格が大きく上下したからで、安い年は問題ないが、高い年は食事の量か回数を減らすしかないと考えた。雑穀やジャガイモで我慢するという発想は一般的ではなかった。

小麦が不作であれば、翌年の小麦は値上がりする。その金額があまりに高騰するか、不作が連年となった場合、人びとの我慢にも限界がきて、小麦を隠し持っていそうな場所を襲撃する食糧暴動が頻発した。フランス史ではこれを「小麦粉戦争」と言う。

不満が高じれば腕にものを言わせる。実力行使の習慣が根付いたなかで迎えたのが、1789年7月14日に始まる「フランス革命」だった。

事の発端は、免税特権を有する教会と貴族に課税をしようと考えたルイ16世が、170年ぶりに「全国三部会」を招集したことにあった。全国三部会は「聖職者」（第一身分）と「貴族」（第二身分）及び「平民」（第三身分）の代表からなる身分制議会。議決方法を巡る対立が高じたあげく、「フランス革命」が始まった。王政の廃止と国王夫妻の処刑を経て、革命派の分裂、血まみれの粛清と、誰も予期しない方向に進んでいった。

経済はというと、紙屑同然となった紙幣は発行を廃止され、硬貨が唯一の正貨とされたが、紙幣の抜けた穴を埋められるだけの流通量がないため、多くの地域で物々交換がなされる事態となった。

政治は混乱し、経済も安定しない。このままではいずれ周辺諸国からなる対仏同盟軍に敗れ、王政復古の運びになりかねない。

すべてを革命前の状態に戻されては困ることから、革命陣営のなかでも穏健派は、強力なリーダーシップのもと、秩序を回復してくれる人物を求めた。

当時においてその条件にあてはまるのは、対外戦争で名声を轟かせたナポレオン1世を置いて他におらず、安定を第一とする人びとは政治体制にこだわらなかった。

かくしてナポレオン1世が権力を握り、封建制の廃止など革命の成果を確約したことで混乱は収束。イギリスとの和議が成立するとともに貿易も再開され、フランス経済も息を吹き返したのだった。

エッフェル塔が物語る、フランスモデルの経済再建

◇治安と衛生の悪化を一掃させて作った「花の都」

イギリスは18世紀末に、ドイツは19世紀中頃に「産業革命」が本格化し、経済成長の道を歩み始めた。遅れを取りながらフランスもナポレオン３世（在位１８５２〜７０年）の治世に「産業革命」の完成期を迎えた。高度経済成長を記録したことから、彼の治世は「産業帝政」と称される。

産業帝政のなかでも際立つ成果は、「鉄道網の拡大」と「パリの大改造」にあった。

それまでは、山河や森林に阻まれていたため、中・南部の良質なワインがパリや東部の顧客をつかむことも、北部や中部の炭鉱で採掘された石炭が安価で大都市に輸送されることもなかったが、鉄道の延長がその壁を破り、大きな経済効果を生むこととなった。

しかし、それは人の移動にもあてはまり、生活に窮してパリに流れ込む貧民もますます増えた。治安の悪化は暴動の温床となり、暴動が起きれば経済が停止する。衛生状態が悪化すれば感染症が流行しやすく、経済は崩壊へ向かう。

そこで、ナポレオン３世は、パリの大改造を決断。知事のジョルジュ・オスマンに託したのだった。

オスマンは皇帝の支持を背景に、次々と大胆かつ大規模な都市改造に着手する。中心部の曲がりくねった街路や、パリ発祥の地とされるシテ島の貧民窟を一掃したかと思えば、東西南北に広くて直線的な大通りを貫通させた。ルーブル宮殿の増築やオペラ座、中央市場など公共設備の充実を図るとともに、街路照明を大幅に増やし、建物の高さを一定に規制するなど景観にも配慮するかたわら、上下水道の整備など衛生面にも気を配り、今日あるパリの原型を築いたのだった。

◇なぜ、農業不況が逆風ではなく追い風となったか

軍事力では後発のドイツに抜かれたが、文化面での優位は揺るぎない。全ヨーロッパにそのことを強くアピールしたフランスだが、１８７３年のウィーン発の大不

況から逃れることはできず、農業と工業の両面で深刻な打撃を被る。

農業の分野では、海外から安価な穀物や飼料が流入するようになったことも重なり、農産物価格の下落が止まらず、20世紀初頭には大不況前夜の3分の1の水準にまで落ち込んだ。赤字経営をいつまでも続けるわけにはいかないので、イギリス海峡に面するノルマンディやブルターニュなどの農業限界地では、耕作地を永久草地や牧草地に転換する動きが顕著となる。農業から酪農・畜産への転換である。

飼育する家畜も従来の羊から乳牛がメインとなり、チーズとバターの生産量が激増する。ノルマンディのカマンベールがチーズの特産地として有名になるのもこの頃で、発想の転換ができる人びとにしてみれば、農業不況は逆風どころかむしろ追い風となった。

砂糖の原料となるビート栽培が普及したのも同じ時期である。先祖代々栽培してきた作物をただ栽培し続ける時代は終わり、フランス農業も市場経済に組み込まれたのだった。

工業の不況は農業のそれとは違った展開を見せ、手工業や中部の製鉄業が壊滅した一方、古くから鋳物用銑《せん》鉄の産地として知られていた東部の鉄鋼業が台頭した。

「ベッセマー転炉法」という、大量製鋼を可能にする画期的技法の発明に加え、鉄鉱石の採掘から製鉄、製鋼、圧延、さらに資金調達まですべて自社で手掛けるシステムが成功の秘訣だった。

大不況下で起きたこれらの変化にも助けられ、フランス経済は１８９６年頃には苦境から脱する。人員過剰から逆に人手不足に転じたが、そこは外国人労働者を受け入れることで埋められた。

フランス革命１００周年に当たる１８８９年に開催された「パリ万国博覧会」では、鉄骨のみで造られたエッフェル塔が物議を醸したが、１９００年開催の「パリ万国博覧会」では、鉄道が地下を走る「地下鉄」が人びとの度肝を抜いた。

大不況の前と乗り越えた後では人びとの食生活も変わり、パンの消費が頭打ちになったのとは対照的に乳製品と畜肉、ワイン、砂糖の消費が著しく増え、食卓のお供としてワインが欠かせず、メインには肉料理、デザートには甘い菓子という、フランス定番の食事風景が生まれることになった。

１９０５年から、第一次世界大戦が勃発する１９１４年までの繁栄期をフランスでは「ベル・エポック」（良き時代）と称する。

フランスが経済的に余裕のある、数々の理由

◇なぜ、フランスがEUの旗振り役を務めるのか

2度の世界大戦がフランス経済に与えた打撃は大きく、アメリカの援助によって行われたヨーロッパ復興計画「マーシャル・プラン」で一息つけたが、アルジェリアとベトナムの独立を武力でねじ伏せようとしたことが仇となる。どちらの戦争も長期化した上に、莫大な戦費を投じながら、結局は完全撤退するしかなくなったからである。

政局の不安とインフレに悩まされるフランスは、「ヨーロッパの病人」と呼ばれるまでに低落したが、1958年、それに歯止めをかけるべく発足されたのが、EUの前身にあたる「EEC」（ヨーロッパ経済共同体）だった。

ＥＥＣは、１９５２年にフランス、西ドイツ、イタリア、オランダ、ベルギー、ルクセンブルクの西ヨーロッパ６カ国の参加で発足した「ＥＣＳＣ」（ヨーロッパ石炭鉄鋼共同体）を手本とした。戦後復興に必要な鉄鋼の供給を確保するために、フランス・ロレーヌ地方の鉄鉱石とドイツ・ルール地方の石炭を西ヨーロッパ６カ国の共同管理下に置いたもので、ＥＥＣはそれの農産物版である。

ＥＥＣがＥＣＳＣ、ヨーロッパ原子力共同体とひとつにまとめられ、ＥＣ（ヨーロッパ共同体）に改組されたのは１９６７年のこと。以来、経済が持ち直したかと思われた、その矢先に、１９７３年の「第一次石油危機」を境に低成長期に入る。

インフレが進み、失業者も増え続け、国際競争力も低下するという経済上の三重苦は、政権が代わり、政策が左右に大きくぶれても変わることなく、１９９３年にはとうとう失業率が12パーセントを超えてしまった。

だからこそ、フランスには安定した貿易相手が必要で、ＥＵ（ヨーロッパ連合）発足の旗振り役を務めてきたのもそのためだった。

◇フランスが蓄える数々の産業

フランスの産業といえば、「観光」と「軍需」がよく知られている。外国人観光客の数では不動の第1位。観光収入がGDPの1割弱を占めるのだから、基幹産業と呼んでもおかしくない。

観光大国だけに危機に対して打つ手も早かった。

たとえば、観光客の分散である。1990年代初頭にパリへの一極集中に危機感を募らせる声があがるやいなや、南仏プロヴァンスを観光客の第2の受け皿として打ち出し、大成功を収めた。

長期滞在者が少ないため、落とすお金の金額は世界第3位だが、スペインとの国境地帯であるフランス・バスクやケルト文化の影響が色濃いノルマンディなど、まだ手垢にまみれていない魅力的な観光地がたくさんあるから、遠からず観光収入でも世界一になる日がやってくるかもしれない。

フランスの軍需産業が日本でも広く知られるようになったのは、1982年の「フォークランド紛争」がきっかけだった。アルゼンチン空軍機が放ったフランス製の空対艦ミサイル「エグゾセ」のたった1発で、イギリスの駆逐艦シェフィールドを沈めた。戦闘自体はイギリス軍の圧勝に終わったが、それだけに余計、一矢報いた形の戦果が大きな話題を集めた。それが、フランスの軍需産業にとってまたとない宣伝となった。

フランスの自動車産業も「ルノー」に代表されるように有名だが、それ以前にフランスが今なお農業大国であることを忘れてはならない。ＥＵ最大の農業生産国で、ＥＵにおける農業生産高の約３割を占めている。輸出先の７割はＥＵ諸国で、ＥＵから毎年１１０億ユーロもの補助金を受けているため、フランス農業、引いてはフランス経済にとってＥＵはなくてはならない存在でもあり、負担も大きいが受益も大きい、持ちつ持たれつの関係と言ってよい。

「版籍奉還」が財政再建に強力な一手だったワケ

◇経済危機を巧みに利用した新政府

徳川幕府から薩摩・長州・土佐・肥前の4藩からなる新政府への政権移行はすんなりとはいかず、1867年の「大政奉還」と1868年の「王政復古の大号令」がなされ、1869年に「戊辰戦争」が終結しても、安心するには早すぎた。

外国との対等な関係を築くためには、全国の藩がバラバラに運営する政治体制を改め、中央政府が全国を一括して支配下におく必要があった。

つまり、各藩の藩主や藩士らの権力をそぎ落とそうというもので、反発も予想される。内乱が起これば経済危機に陥るため、新政府はそこを恐れた。その時、新政府は何をしたか、民衆にはどのような暮らしが待っていたかをたどる。

新政府が舵を切って、日本を運営する。そのために中央集権化を進めるにあたり、1869年6月の「版籍奉還」と1871年7月の「廃藩置県」がもつ意義は大きかった。

版籍奉還により、藩主がもっていた土地と人民に対する支配権は朝廷に返上される。旧藩主はそのまま政府の任命する「知藩事《ちはんじ》」に横滑り。形式上にすぎなかったが、これが廃藩置県への布石になった。

元藩主は、知藩事になったのも束の間、全員失職となる。1871年7月の「廃藩置県」によるもので、知藩事を江戸改め東京に移住させた上で、代わりに、「家禄」（藩の実収高の1割）の支給と、知藩事を貴族階級の「華族」に、旧藩士を「士族」というように、それぞれ平民より上の身分を保証した。

各県には、新政府から知事を派遣し、地方自治の世襲化を撤廃するに加え、主従関係の体制を断つことを意図していた。

これに対して、藩主と藩士の反応は――。

大半が喜んだ。それは、藩の借金を政府がすべて肩代わりしたからである。ただし、人事権を政府に丸投げしたのも同然だから、目先の利益を優先したことに変わりなかった。まさに目の前にぶら下がったニンジンである。

◇新政府が残した「ツケ」の影響とは

版籍奉還と廃藩置県による、自治権と徴税権の回収に成功。ようやく歳入の目途が立った新政府だったが、諸藩の借金が膨大な額に及ぶことに加え、華族や士族に与えねばならない家禄と、維新功労者に対して付与する「賞典禄《しょうてんろく》」を合わせた「秩禄」の支給額が馬鹿にならない。

さらに、1873年に「徴兵令」を発布していたため、すでに武力としての士族は用済みでもあった。

歳出総額の約3割を占める秩禄を減額もしくは廃止するのが望ましいが、これには大きな反発が予想される。

そこで新政府は、1873年に「地租改正」、家禄への累進課税の導入など、少しずつ外堀を埋めた上で、1876年に秩禄支給の全廃「秩禄処分」を打ち出した。

支給を打ち切る代わりに、希望者には秩禄6年分を年利8パーセントの「秩禄公債」と現金の半々で交付し、士族としての権利を放棄する者には官有地を相場の半額で払い下げるという特典もつけられた。農業に転身しろというのである。


秩禄の支給は一方的に打ち切られ、以降、「神風連の乱」や「秋月の乱」、「萩の乱」など、士族による反乱が続出するが、新政府は平民からなる国軍の力でことごとくそれらを鎮圧し、経済危機には至らなかった。

しかし、士族の乱の最後を飾った1877年の「西南戦争」だけは別で、さすがの新政府もこれの鎮圧には手間取り、莫大な戦費を投入することとなった。

そのために紙幣を大量発行したのが仇となり、激しいインフレが引き起こされることになった。


このインフレに幕を引いたのは、1881年に大蔵卿に就任した松方正義《まつかたまさよし》だった。日本銀行を設立し、兌換制度を確立させることにより収束させた。だが、事態はそれで止まらず、今度は一転、デフレに突入する。

「松方デフレ」と称される新たな局面では、紙幣の価値が上がった一方で、農産物の価格は低下。多くの中小地主や農民が土地を失って小作人と化し、その土地は比較的余裕のある地主や高利貸しのもとに累積される。

貧富の差が著しく拡大した農村の様子は、NHK連続テレビ小説中の最高傑作とも称される『おしん』の世界を思い浮かべてもらえれば、当たらずとも遠からず。不況が到来すれば、ひとたまりもない状況だった。

戦争特需の裏で、なぜ、農村は苦しんでいたか

◇日本を興したのは、女性だった

経済は、国力そのもの。明治日本が世界の列強と肩を並べるには、産業を興し、輸出を増やさねばならない。そのためには、初期費用の代わりになる外貨が必要なのだが、そこで活躍した「ある人々」がいた。

また、1914年、第一次世界大戦に、日本は「日英同盟」を理由に参戦に至った。戦争特需で日本は豊かになるはずが、実際にはそうならなかった。むしろ、貧困にあえぐ層により、大事件が勃発する。何が起こったか。

世界が揺れる第一次世界大戦前後の日本を追う。

明治日本が世界の新興工業国の仲間入りをするまでには、かなりの歳月を要した。

基礎を築くまでのつなぎを「公債の発行」だけに頼るわけにもいかず、外貨の獲得が必要だった。

そこで大事な役目を果たしたのが若い女性たちだった。家が貧困なため、女性が海外の港町などへ出稼ぎに赴き、主に接客業で外貨を蓄えた。自分では極力使わず、本国に送金して、家計への仕送りにした。

「からゆきさん」(唐〈=外国〉行き)と称された彼女らは前歴を隠して結婚できたから、差別や偏見が生まれる余地はなかった。アメリカに出向いた者を「あめゆきさん」とも呼び、他にもシベリア、満州、朝鮮から台湾、東南アジア、太平洋の各地に日本人業者による組織的売春業が展開されたという。

明治維新の「富国強兵」の裏には、彼女らの支えがあり、日本経済はどれだけ助けられたことか。

かつてのイギリスやドイツなどが産業革命を経験したように、輸出で外貨を恒常的に稼げる産業を興したいが、設備投資には、やはり資金が必要である。

そこで、日本は明治期に2度の対外大戦を経験し、その戦争の賠償金などを元手に発展したのだった。１８９４年の「日清戦争」に際しては、軽工業を展開させた第一次産業革命。１９０４年の「日露戦争」後には、重工業を柱とする第二次産業革命へと、近代化を進める。

その労働力は、農業だけでは生活できない農村の小作人家庭から提供された。

１８７１年から始まった「富岡製糸場」と言えば、ユネスコの世界文化遺産に登録されただけに華やいだイメージがあるが、実態はむしろ１９２５年刊の『女工哀史』に近いともいわれる。

同書は、著者自身の工場労働者としての生活体験に基づいて、綿糸紡績工場の女子労働者のきわめて悲惨な実態を描いた記録。欺瞞に満ちた女工募集、睡眠時間帯にまで食い込む深夜作業、工場管理者による虐待や罰金制度、女子労働者が馬車馬のように働かされ、人格も認められない姿を描き出している。

産業革命は誰もが万々歳とはいかず、多大な犠牲があったのである。

しかし、ようやく世界で戦える輸出品ができたと言っても、軽工業品では利益が薄いため、海外に資源や市場を求める帝国主義路線に走ることになったのだった。

◇第一次世界大戦の戦争特需を喜べない人たち

時代を大正へと移した1912年から26年。日本は近代国家に移行していた。

1914年に始まる第一次世界大戦で、連合国から軍需品の注文が舞い込んだことと、ヨーロッパ製品の輸入が一時的に途絶えたことで、日本は初めての戦争特需を経験することになった。

にわかに大金持ちになる、「成金」が続出するなか、もっとも稼ぎの大きかったのは海運で財をなした「船成金」だった。その代表格が三井物産出身の内田信也で、内田が1915年に汽船1隻で始めた内田汽船会社は1年後には運航汽船を16隻に増やして60割の株式配当を行うほどだった。

日本全体も1914年からの5年間、年平均で28・5パーセントという驚異的な経済成長を記録したが、一方で、苦しむ層があった。

農村では麦や芋、大根などを主食にしていた貧農がようやく米を口にできるようになった程度だった。都市の下層民にしても同様である。それだけに、安定的な配給のために、米の価格の高騰は避けたかった。

米の需要は増えているのに、寺内正毅内閣（1916〜18年）は「外米輸入関税」の撤廃といった緊急措置を取らずにいた。

米商人や地主の反対を受けてのことだが、米商人や地主は投機的な買い占め、売り惜しみに走る。

「シベリア出兵」（1918〜22年）が決定されると、買い占めと売り惜しみはさらに悪質化し、1918年1月に一石あたり24円3銭だった米価が8月10日には46円30銭にまで高騰していた。

米中心の食事で食べつなぐ層がこれに怒らないはずがない。同年7月から9月のおよそ2カ月にかけて、日本中で一揆や打ちこわしが頻発する大事件に発展した。「米騒動」と総称される一連の騒動は、一道三府三十九県の38市153町177村、合計368か所にまで及んだ。延べ70万人以上と推測される参加者の構成は、農村では貧農と小作人、都市部では肉体労働者や職人、町工場の労働者からなっていた。

寺内内閣は警察だけでは足りず、軍隊の出動を仰いで治安の回復を図る一方、下層民に米の安売りをすることで人心を落ち着かせた後、責任を取るかたちで総辞職をした。

貧困と疲弊の極みに達したとき、人は何をするか

◇恐慌に次ぐ恐慌に、人々の暮らしは……

1920年代からの恐慌に次ぐ恐慌。農民は貧困と疲弊の極みに達し、わらにもすがりたいところ。そこで、政府は新天地への開拓移住者を募るが、彼らにどんな運命が待っていたのか。経済危機の時代、人々の動態をたどる。

1918年の米騒動の後、日本は4度の経済危機を経験する。

1度目は、第一次世界大戦の終了に伴う、需要の減少から生じた1920年頃で、「戦後恐慌」ともいう。大戦中は生糸や綿糸の大量生産体制にあり、大戦後に過剰生産となったため、価格が暴落。東京・大阪の株式市場が大暴落し、成金の多くは没落した。沈静化したのは、日銀・大蔵省による大規模な救済融資による。

2度目は、1923年に起きた「関東大震災」の復興支援のために発行された「震災手形」が大量に決済不能となって起こった「震災恐慌」。経済が戦後恐慌からまだ十分に回復していないときに起きたため日本経済は麻痺、混乱状態に陥った。

3度目は、震災恐慌に連鎖して起こった1927年の「金融恐慌」。震災手形の処理に着手した際に、台湾銀行の不良貸付けが露見し、大企業の「鈴木商店」や「十五銀行」など、休業、倒産が続いた。金融界はパニックに陥るが、対応として債務の支払いにモラトリアム（支払猶予）を設け、特別救済融資を実施したことにより沈静化をみた。

4度目は、1929年に起きた、アメリカ・ニューヨーク発の「世界恐慌」で、これを「昭和恐慌」という。または、一連の恐慌を昭和恐慌とする場合もある。恐慌に次ぐ恐慌に、日本は未曽有の経済危機に直面する。

◇ジリ貧か、移住か……、最悪の二者択一

都市部では、銀行や企業の休業、倒産が相次ぎ、失業者が激増。国際収支の悪化を招き、農産物の価格は大暴落。農村部では税の滞納や教員への給与遅延はまだま

しと言えるほうで、「娘を遊郭に売る者」や「弁当を持たせてもらえない欠食児童」が多く現れるようになった。

斎藤実内閣（1932〜34年）が、農相に後藤文夫を起用し、農村救済のために実施したのは「自力更生」というものだった。政府が声高に叫んだその中身は、農民への「低利融資」と「生活必需品の値上げの抑制」くらいで、まさに焼け石に水。農村では、抜本的な政策を出さない政党政治への失望感が広まり、同時に、中国大陸への進出（満州問題の武力解決）を叫ぶ軍部に心を寄せる者が増えていった。

1932年、「満州事変」による軍需景気で、昭和恐慌は一応の収束をみた。産業界が、徐々に立ち直りを見せるなか、農村の状況は一向に好転しなかった。

本来であれば、政治家が何とかすべきであったが、彼らの大半が地主であるため、自己の既得権益を損なう改革に手を染めるはずはなかった。

政治家と対照的な位置にあったのが、軍部の青年将校たちである。彼らの多くは農村出身で、農村の実情を痛いほどよく知っている。政党政治に対する憎悪の念はひときわ強く、いつ暴走してもおかしくなかった。

犬養毅首相を殺害した１９３２年の「五・一五事件」、高橋是清蔵相や斎藤実内大臣、渡辺錠太郎陸軍教育総監を殺害し、首相官邸、陸軍省、警視庁などを占拠した１９３６年から本格化した「二・二六事件」などは、その暴発の結果だが、それで農村の状況が改善されることはなく、軍部と外務省内の対外急進派に利用されただけに終わった。

貧困にあえぐ人びとの心を惹きつけたのは１９３６年の「満蒙《まんもう》移民」だった。「開拓団に加われば、今よりましな生活を送れるかもしれない」。そんな淡い期待にすがる他ないほど、多くの農村が貧困と疲弊の極みにあった。国内で一家心中瀬戸際の悲惨な生活を続けるか、不安の多い満蒙に移住するか。全国の貧しい農民は厳しい選択を迫られていたのだからだった。

満蒙移民は、宣伝では「無主の地への開拓」とうたわれていたが、現実は、奪った土地への入植であり、周囲は敵意に溢れていた。約27万人の開拓団のうち、約8万人も亡くなったと言われている。

農村の貧困の根底にある地主制にメスが入れられるには、１９４５年、日本が無条件降伏をして、占領軍により土地改革が実施されるまで待たねばならなかった。

敗戦から高度経済成長へ、日本の再起のカギは「教育」にあった！

◇高度経済成長を支えた「金の卵」とは

経済成長は「内因」と「外因」の両方が揃えば成功する。どちらが欠けても歪《いびつ》になってしまう。戦後日本の場合、内因のひとつは、首都への若年労働者の流入にあり、外因は軍事特需にあった。本項は、戦後から高度経済成長への足取りをたどる。

１９５２年、連合国による占領期が終わり、戦後の復興が本格化する段階には、人の流れは大きく2つに分けられた。ひとつは余剰人口を外へ吐き出すべく実施された「中南米への移民」で、もうひとつは農村の余剰人口を都会に押し流すべく実施された「集団就職」である。

集団就職とは、地方の新規学卒者が、大都市の中小企業や商店などへ集団で就職することを言い、求人難の解決策として１９５４年より本格化された。出身地は東北、山陰、九州が圧倒的で、東北から東京を目指す若者たちが下車したのは上野駅だった。

日本には他国より恵まれた条件があった。

それは中卒者でも「読み書き」と「計算」ができたという国は、当時の世界を見渡しても、他には見当たらないはずである。学力の高い彼らは、「金の卵」と称された。

学力が高い理由は、１９４８年に義務教育が中学校卒業までの９年間に延長されたことにある。

集団就職は１９７２年まで継続されるが、若年労働者の絶えざる増加と流入は、経済成長に不可欠の要素でもあった。

また、外因としては、「朝鮮戦争」（１９５０〜５３年）と「ベトナム戦争」（１９６０〜７５年）があげられる。軍需物資を提供することで戦争特需を得ることができた。

◇そして、世界第2位に躍り出る

戦後の経済成長は「高度経済成長」という言葉でひとくくりに表現されるが、それをさらに区切ると、1956年秋から翌年1月まで続いたものを「神武景気」、1965年11月から1970年7月まで続いたそれを「いざなぎ景気」という。

各家庭で揃えるべきとされた「三種の神器」は、「神武景気」のときが白黒テレビ、電気洗濯機、電気冷蔵庫で、「いざなぎ景気」のときはカラーテレビ、クーラー、自家用車だった。

東京オリンピックが開催された1964年は日本の復興と著しい経済成長を世界に認知させる晴れ舞台ともなったのだった。パリのエッフェル塔より9メートル高いことを売りにした東京タワー完成が1958年、坂本九の『上を向いて歩こう』が『スキヤキ』とタイトルを改め、全米で大ヒットしたのが1963年、新幹線が営業走行を開始したのはオリンピックと同じ1964年だった。

1968年の国民総生産（GNP）は、イギリス、ドイツ、フランスを抜き、世界第2位になった。これは、向こう42年間続き、「東洋の奇跡」と称された。

高度経済成長の立役者「エコノミック・アニマル」とは

◇右肩上がりの経済成長の内幕

日本の大学生が政治に無関心というのは、１９８０年代以降につくられた伝統、つくられたイメージである。大学生もかつては集会やデモなど、世界標準の活動をしていたが、１９６０年と７０年の２度にわたる「日米安保条約反対闘争」での敗北に打ちひしがれているところへ、新左翼過激派による内ゲバや連合赤軍による民間人を巻き込むテロ活動が相次ぐに及んで、急速にしぼんでいった。

そこで、疲労と失望感から活動を離れ、国家公務員や大企業の社員としてバリバリ働く路線に転向。海外からは、日本人の打算的・利己的な態度を「エコノミック・アニマル」と揶揄される状況が生じたのだった。

日本の高度経済成長は、１９７３年と７９年の２度の「石油危機」を経てなお、継続していた。日本の工業製品がよく売れる上に、内需の拡大も進んでいたからで、国内では着実に中間層の幅が広がり、社会の安全弁としても機能していた。

日本経済は、健全そのもので、右肩上がりの成長が永遠に続くのではないかとの錯覚さえ広く蔓延していた。

ところが、若年人口の増加が鈍り始めた1980年代、日米の経済関係が緊張を帯び始めた。対日貿易赤字に苦しむアメリカが日本に市場の開放と規制の緩和を強く求めてきたのである。

日本は、戦前の反省から、国内の農家を過保護なまでに守ってきた。農村は保守政党の大票田でもあることから、海外から安価な農産物が流入することを阻んできたのだが、アメリカ政府からの強力な圧力に抗しきれず、1988年には牛肉とオレンジ輸入の完全自由化、その翌年には大規模小売店舗法を定め、海外スーパーの日本上陸を認めるしかなくなった。

それでもなお日本経済の躍進は止まらず、アメリカの企業や不動産を買いまくる現象が1980年代を通じて続けられたが、後から思えば、それは壊れる寸前の電球の灯りに似たものだった。

◇平成の幕開けとともに崩壊した経済

平成元年の１９８９年12月29日の東京証券取引所の終わり値は３万８９１５円の史上最高値を記録するが、翌年10月には２万円を切るまでに下落する。永遠に来はしないと信じたかった「バブルの崩壊」がついに到来したのである。

就職戦線は、前年までの売り手市場が嘘のように買い手市場に様変わりした。１９９７年には北海道拓殖銀行の破綻に続いて、四大証券会社の一角を占める山一證券が自主廃業。絶対に潰れないと言われてきた金融機関の相次ぐ廃業は、盤石と思われた中産階級が崩壊する序曲でもあった。

小泉純一郎政権（２００１年４月～２００６年９月）のもと、郵政民営化に代表される規制緩和が本格化すると、あらゆる業界、あらゆる企業でリストラという名の人員削減が加速する。

２００８年、それに追い打ちをかけたのが「リーマン・ショック」だった。

バブルの崩壊に始まる日本経済の低迷は「失われた20年」と呼ばれる。2012年12月に成立した第二次安倍晋三内閣は「アベノミクス」を高らかと掲げ、デフレからの脱却を叫んだが、期待されたほどの成果はあがらず、一部の富裕層をさらに太らせただけに終わった。

インバウンド消費も新型コロナウイルスによる感染症によって一気に消え失せた。

今はとにかくコロナの一日も早い終息を願うしかない状況にある。

おわりに　～我々は「経済危機」をどう乗り越えるか～

危機は、だいたい外からやってくる、それも突然に。

国の命運を任されたリーダーは、正解のない決断を迫られる。

「格差のない理想国家を目指すか」「失われた領土に心を奪われずに、経済再建を優先するか」「新しいフロンティアを探すか」「特需をどこに配分するか」「危機を逆手に、首都をどう建て直すか」……。

その時代に合う決断を下し、相応の結果が生まれた。

我々のあらゆる決断も同じではないだろうか。

危機の時代にあっても、自分で考え、自分で判断することをおすすめする。政府が何と言おうが、100人中99人がそう言おうが、おかしいと思ったら追従しない。勇気の要ることだが、長期的にみれば、それが被害を最小限に抑える道である。

何を手本に考えたらよいか。

指標のひとつに歴史をひも解いて頂きたい。歴史は雄弁に語るからである。

さて、これから我々はどう乗り越えるか。

■主な参考文献

『イギリス史　新版世界各国史11』川北稔編（山川出版社）／『フランス史　新版世界各国史12』福井憲彦編（山川出版社）『ドイツ史　新版世界各国史13』木村靖二編（山川出版社）／『スイス・ベネルクス史　新版世界各国史14』森田安一編（山川出版社）／『アメリカ史　新版世界各国史24』紀平英作編（山川出版社）／『世界の歴史7　宋と中央ユーラシア』伊原弘・梅村担著（中公文庫）／『世界の歴史9　大モンゴルの時代』杉山正明・北川誠一著（中公文庫）／『世界の歴史17　ヨーロッパ近世の開花』長谷川輝夫他著（中公文庫）／『世界の歴史21　アメリカとフランスの革命』五十嵐武士・福井憲彦著（中公文庫）／『世界の歴史22　近代ヨーロッパの情熱と苦悩』谷川稔他著（中公文庫）／『世界の歴史23　アメリカ合衆国の膨張』紀平英作・亀井俊介著（中公文庫）／『世界歴史体系　中国史（全5巻）』松丸道雄他編（山川出版社）／『世界歴史体系　イギリス史（全3巻）』村岡健次他編（山川出版社）／『世界歴史体系　フランス史（全3巻）』柴田三千雄他編（山川出版社）／『世界歴史体系　ドイツ史（全3巻）』成瀬治他編（山川出版社）／『世界歴史体系　アメリカ史（全2巻）』有賀貞他編（山川出版社）／『アメリカの歴史を知るための63章』富田虎男他監修（明石書店）／『アイルランドを知るための70章』海老島均・山下理恵子著（明石書店）／『現代インドを知るための60章』広瀬崇子他著（明石書店）／『インドを知る事典』山下博司・岡光信子著（東京堂出版）／『秦漢帝国　中国古代帝国の興亡』西嶋定生著（講談社学術文庫）／『魏晋南北朝』川勝義雄著（講談社学術文庫）／『五代と宋の興亡』周藤吉之・中嶋敏著（講談社学術文庫）／『モンゴルと大明帝国』愛宕松男・寺田隆信著（講談社学術文庫）／『韓国大統領列伝　権力者の栄華と転落』池東旭著（中公新書）／『新・韓国現代史』文京洙著（岩波新書）／『イギリスの歴史（上下）』君塚直隆著（中公新書）／『イギリス史10講』近藤和彦著（岩波新書）／『イギリス近代史講義』川北稔著（講談社現代新書）／『フランス史10講』柴田三千雄著（岩波新書）／『近代ヨーロッパの覇権』福井憲彦著（講談社学術文庫）／『物語ドイツの歴史　ドイツ的とは何か』阿部謹也著（中公新書）／『物語オランダの歴史　大航海時代から「寛容」国家の現代まで』桜田美津夫著（中公新書）／『明の太祖　朱元璋』檀上寛著（白帝社）／『エリザベスI世　大英帝国の幕あけ』青木道彦著（講談社現代新書）／『イギリス名宰相物語』小林章夫著（講談社現代新書）／『フリードリヒ大王　啓蒙君主のペンと剣』飯塚信雄著（中公新書）／『ビスマルク　ドイツ帝国を築いた政治外交術』飯田洋介著（中公新書）／『怪帝ナポレオン三世　第二帝政全史』鹿島茂著（講談社学術文庫）／『ジャガイモの世界史　歴史を動かした「貧者のパン」』伊藤章治著（中公新書）／『砂糖の世界史』川北稔著（岩波ジュニア新書）／『銀の世界史』祝田秀全著（ちくま新書）／『物流は世界史をどう変えたのか』玉木俊明著（ＰＨＰ新書）

青春文庫

世界《せかい》は「経済危機《けいざいきき》」をどう乗《の》り越《こ》えたか

2020年10月20日　第1刷

著　　者　島《しま》崎《ざき》　晋《すすむ》

発 行 者　小澤源太郎

責任編集　株式会社プライム涌光

発 行 所　株式会社青春出版社

〒162-0056　東京都新宿区若松町 12-1
電話 03-3203-2850（編集部）
03-3207-1916（営業部）
振替番号　00190-7-98602

印刷／大日本印刷
製本／ナショナル製本

ISBN 978-4-413-09764-2